Ernst Höpfner

Die Wortstellung bei Alain Chartier und Gerson

Ernst Höpfner

Die Wortstellung bei Alain Chartier und Gerson

ISBN/EAN: 9783743300170

Hergestellt in Europa, USA, Kanada, Australien, Japan

Cover: Foto ©Thomas Meinert / pixelio.de

Manufactured and distributed by brebook publishing software (www.brebook.com)

Ernst Höpfner

Die Wortstellung bei Alain Chartier und Gerson

DIE WORTSTELLUNG

BEI

ALAIN CHARTIER UND GERSON.

ABHANDLUNG

ZUR

ERLANGUNG DER DOKTORWÜRDE

DER

PHILOSOPHISCHEN FAKULTÄT

DER

UNIVERSITÄT LEIPZIG

VORGELEGT

VON

ERNST HÖPFNER

AUS GRUBNITZ.

GRIMMA.
DRUCK VON FR. BODE.
1883.

Vita.

Geboren am 11. September 1861 in Grubnitz, besuchte ich zunächst drei jahre die volksschule, weitere drei jahre (Ostern 1870—1873) die selecta in Staucha und wurde Ostern 1873 in die quarta der realschule I. ordnung zu Dresden-Neustadt aufgenommen. Nach abgelegter maturitätsprüfung bezog ich Ostern 1879 die universität Leipzig, wo ich mich dem studium der neueren sprachen widmete. Das wintersemester 1880/81 verbrachte ich in Genf, wo ich die vorlesungen der herren professoren Ritter, Marc-Monnier und Humbert besuchte. Von Ostern 1881 an setzte ich meine studien in Leipzig fort und hörte hier besonders die vorlesungen der herren professoren Zarncke, Hildebrand, Ebert, Heinze, Wülcker, denen ich hiermit für die durch ihre vorlesungen mir zu teil gewordene anregung und förderung meinen dank ausspreche. Ganz besonders aber fühle ich mich herrn prof. Ebert verpflichtet für das interesse, welches er meiner arbeit von anfang an entgegenbrachte und die mancherlei ratschläge, die er mir bei der ausführung erteilte. —

Die altfranzösische wortstellung ist bisher in folgenden schriften behandelt worden:
- B. Völcker „Die Wortstellung in den ältesten französischen Sprachdenkmälern". Franz. Stud. III heft 7.
- H. Morf „Die Wortstellung im altfranzösischen Rolandsliede". Roman. Stud. III p. 199—294.
- P. Krüger „Über die Wortstellung in der franz. Prosalitteratur des XIII. Jahrhunderts". Berlin 1876.
- J. Le Coultre „De l'ordre des mots dans Crestien de Troyes". Dresde 1875.
- J. Schlickum „Die Wortstellung in der altfranz. Dichtung «Aucassin et Nicolette»". Franz. Stud. III heft 3.
- G. Marx „Über die Wortstellung bei Joinville". Franz. Stud. I p. 315—360.
- E. Ebeling „Syntaktische Studien zu Froissart". Zeitschr. f. rom. Philol. V, 323 ff., wo p. 347—58 einige hauptkapitel der wortstellung behandelt sind.

Mit der arbeit von Marx schliesst eine fortlaufende reihe von abhandlungen, welche die französische wortstellung vollständig von den ältesten zeiten bis in das XIV. jahrh. darstellen. In der vorliegenden arbeit ist ein schritt weiter nach dem neufranzösischen hin gethan und zwar sind zwei schriftsteller von der grenze des XIV. und XV. jahrhunderts gewählt, deren prosa im gegensatz zu den öfter untersuchten historikern einen mehr rhetorischen charakter trägt: Gerson und Alain Chartier.

Soweit die unterlagen für Froissart reichten (ausser Ebelings studien ist noch benutzt: Riese „Recherches sur l'usage syntaxique de Froissart") ist derselbe zur vergleichung herangezogen und sonst auf die oben citirten abhandlungen, namentlich auf Marx zurückgegangen; daneben ist, wo es nötig, auf den neufranzösischen gebrauch hingewiesen.

Zu grunde gelegt sind:

für Gerson die in der ausgabe „Joannis Gersonii, Doctoris etc., Opera omnia" von M. Lud. Ellies du Pin, Haag 1728 enthaltenen französischen predigten und reden (Bd. III, 1581 ff. Bd. IV, 565 ff. u. 657 ff.). Citirt ist nach band, spalte und abschnitt; ein G. ist davor gesetzt zum unterschied von den unbezeichneten beispielen aus Chartier;

für Chartier die in dem ältesten drucke von 1470—80 (nach Bartschs angabe, Chrestom. 445) enthaltenen prosaischen werke: L'Esperance ou Consolation des trois vertus, le Quadrilogue, le Curial, la Genealogie des roys de France und la Description de la Gaule. Die poesie ist selten berücksichtigt. Citirt ist nach seite, spalte und, wo der text nicht gegeben ist, auch nach zeile. An einigen stellen ist die ausgabe von André du Chesne Tourangeau, Paris 1617, welche uns durch die kgl. bibliothek zu Dresden, ebenso wie die erste, zugänglich war, verglichen. Derselben sind auch die oben angeführten titel „L'Esperance etc." und „Description etc.", welche sich in der älteren ausgabe nicht finden, entnommen.

Berücksichtigt sind folgende grammatiken:

Fr. Diez „Grammatik der roman. Sprachen".

Ed. Mätzner „Syntax der neufranz. Sprache". Berlin 1845.

Dr. Gustav Lücking „Franz. Schulgrammatik". Berlin 1880.

Was die einteilung des stoffes anlangt, so ist diejenige Schlickums angenommen, welche wiederum mit der Morfs vielfach übereinstimmt. Demnach behandeln wir:

im I teil: die stellung von subject, object, prädicativ und adverbiale zum verbum,

im II teil: die stellung der von einem infinitiv abhängigen satzglieder zu infinitiv und verbum finitum,

im III teil: die stellung des attributs zu seinem bestimmungswort.

Erster Teil.
Stellung der Satzglieder zum Verbum.

I. Stellung des Subjectes zum Verbum.
A. Stellung des Subjectes im aussagenden Hauptsatz.
1. Im uneingeleiteten Vordersatz.*)

Über die inversion des subjectes im uneingeleiteten vordersatz hat Morf p. 205 ff. ausführlich gehandelt. Darnach ist im Rolandslied die unbedingte inversion häufig bei intransitiven verben und bei verbis dicendi sogar das gewöhnliche. Im XIII. jahrh., d. h. in Krügers texten, kommt sie nicht vor, ebenso wenig bei Joinville; denn die von Krüger (p. 36) angeführten beispiele sind durch et oder einen ausruf eingeleitet und daher bereits von Morf zurückgewiesen, und die wendung Accordé fu..., das einzige aus Joinville citirte beispiel, ist ebenfalls nicht als uneingeleitet zu betrachten, da das prädicative particip voransteht. Ebeling (p. 347) belegt die unbedingte inversion aus Froissart (in poesie und prosa) bei verbis dicendi. Wir finden dafür in Chartiers prosa kein beispiel, wol aber in Gersons predigten:
> G. III, 1597 D. Dit Saint Luc que... IV, 667 C. Recite Valere au propos de...

und in Chartiers poesie:
> A11b Dit celluy qui dormir vouloit...

Im übrigen beschränkt sich die unbedingte inversion auf das im neufranzösischen gestattete mass, d. h. auf einige intransitive verba.

---
*) Mit Schlickum ist unter vordersatz jeder hauptsatz verstanden, dem kein nebensatz vorausgeht.

Bei Chartier nur ein beispiel:
> i10a Reste maintenant le tiers point, ou nous auons a declarer...

Bei Gerson ist öfter venir vorangestellt:
> G. III, 1593 B. Vint le jour et l'eure qu'il monta... G. IV, 574 A. Vinrent aucuns de la maignie de l'ennemy qui...

2. Im eingeleiteten Vordersatz.

Als einleitende satzteile finden sich coordinirende conjunctionen, adverbien und adverbiale ausdrücke, object, prädicative bestimmung, attributive bestimmung und infinitiv.

Ebeling setzt p. 349 auseinander, dass für das altfranz. der einfluss einleitender satzglieder auf die nachstellung des subjectes nur bei transitiven verben klar zu erkennen sei, da bei intransitiven häufig unbedingte inversion stattfinde. Im neufranz. dagegen, wo dieselbe fast ganz verschwunden, könne man jenen einfluss auch bei intransitiven verben annehmen. Wie wir nun sahen, verhalten sich unsere texte in bezug auf die unbedingte inversion bereits wie das neufranz., daher dürfen wir in dieser zeit schon die inversion des subjectes im eingeleiteten hauptsatz stets dem einfluss der vorangehenden satzteile zuschreiben und sätze mit intransitivem verb für ebenso beweisend halten, wie solche mit transitivem.

a. Coordinirende Conjunctionen.

Nach si und et si wird das subject invertirt:
> h5b Si a fait icelle ung tel edict que... h6b Si print les parolles celuy qui... i9a Si ne doit l'usage auoir lieu... h9b Et si n'y doit nul homme espargner peril de corps... i8b Et si sont les aydes qui..., cessees...

Personalpronominales subject wird auch nachgestellt:
> f9b Si doubte je que...,

aber häufiger ist die auslassung desselben:
> i8b Si doubte que... f11b Et si adjouste autre cause qui t'esmeut.

Et kann inversion des subjectes veranlassen:
> e10a Et n'eut pas le pere loisir de si tost esjouyr... g3b ... et nous fuient les honneurs a la verite que nous prisons trop follement. h2a ... et demeura l'atour de son chief

demy a point... G. IV, 673. Et fait Tulle à ce propos une question.

Auch pronominales subject findet sich in diesem falle invertirt:

G. IV, 678 A. Et seroit cecy à leur damnation eternelle et auroit-on cause souffisante de faire...

Daneben aber auch die regelmässige stellung substantivischen und pronominalen subjectes oder auslassung des letzteren:

d6a Et ceulx la praticquent a leur dommaige qui... i3a Et tu en voiz encores les enseignes... h10b ... le temps est merueilleux et ne scauons, comment...

Nach **mais** und **car** findet meist keine inversion statt. Der satz G. IV, 658 A. Car dit l'histoire que... spricht nicht dagegen, da bei Gerson noch unbedingte inversion bei verbis dicendi vorkommt.

Die einzige ausnahme ist:

c10b ... lequel (sc. l'oysel) n'a point de piedz pour errer sur la terre, mais est tout son mouuement par aelles ...

Ebenso findet einigemal inversion statt nach **ains**, **aincois**:

c1a ..., ains a chascun aplicqué l'auctorite ... b13b il ne s'ensuit pas que..., aincois doit la punicion tourner sur...

Ein folgerndes **doncques** verlangt umstellung des subjectes:

c4b Doncques doit auoir sauance de tout congnoistre celluy qui ... f3a Doncques n'y peut il pour nos oroisons ne muer ne changer.

Nach **neantmoins** tritt die regelmässige stellung ein, dagegen meist inversion nach **pourtant**:

b8b Pourtant est puni ung peuple pour son roy...
e9b Et pourtant fist il ouuerture ...

Daneben: G. IV, 578. Pourtant le saint Prophete demandoit à ...

Auch nach **touteffois** finden sich beide stellungen des subjectes.

b. Adverbien und adverbiale Ausdrücke.

Adverbien und adverbiale ausdrücke bewirken in der regel inversion des substantivischen, wie des personalpronominalen subjectes (bei transitiven und intransitiven verben).

g3a Souuent fait le peuple de grans admiracions de la robbe...
c11b Or se mist esperance au deuant de la couche ... b1b Car icy gist le poix ... c3b Et ainsi instituent les Floren-

> tins leurs prieurs ... G. III, 1599 A. Pareillement le desiroit
> St. Augustin. — c8a De toutes pars sont les chasteaulx habitez ... f8b Pour ce ne prindrent point les prestres de la
> lignee de Leui leur partie ... — b10a Mais encores ay je
> ung scrupule ... i3a Or te demande je doncques ... e5b
> La trouueras tu ton fait ... — d2b En luy trouuons nous
> les drois dons ... G. IV, 580B. Car a ce estes vous ordonnez.

Daneben ist die regelmässige stellung, besonders des pronominalen subjectes, nicht selten, ebenso wie dessen auslassung:

> d14a Malicieusement il entrelassa ... h6a Car sans aide
> ne secours je suis delaisse ... b15a Or as satisfaction ...
> i5a De ce me tais atant et dy ...

Bei Gerson, welcher seltener das pronominale subject auslässt, finden wir viele beispiele der regelmässigen stellung. z. b. G. III, 1585B, 1586C, 1600B etc.

c. Das Object.

Das dem verbum vorangehende object verlangt fast immer die nachstellung des subjectes:

> f12a Telle maleurete seuffre nature humaine qu'elle ...
> b16a D'autres exemples te donnera Valere largement.
> b7b L'effect congnois je bien par exemple. f5b Tes enseignemens ay je bien retenus ...

Auch das object eines vom verbum abhängigen infinitivs tritt an die spitze des satzes und bewirkt inversion:

> G. III, 1592C. Ceste verité ne peut oncques cognoistre Platon ou Demosthenes ... l2a Une seule replicque requist
> auoir celuy qui ... e11a Mais autres moyennes et subalternes esperances fault il cherchier qui ...

Inversion des subjectes tritt nicht ein, wenn das vorangestellte object beim verbum durch ein personalpronomen wieder aufgenommen wird. Diese construction, welche ja im neufranzösischen gebräuchlich ist, scheint vor Joinville noch nicht aufzutreten (cf. Marx p. 348). Aus Froissart ist sie belegt bei Ebeling p. 349.

Wir finden nur folgendes beispiel:

> g1b ... mais les comptens et vertueulx qui d'elle ne font conte
> et desquelz se voit mespriser, elle les laisse en paix.

Wird das vorangestellte object nicht durch ein personalpronomen wieder aufgenommen, so kommt das nichteintreten der inversion im hauptsatze nur bei pronominalem subject vor, selten bei Chartier, bei Gerson öfter als inversion.

> G. III, 1587 C. La verité de ceste consideration je puis monstrer par... G. IV, 581 A. Et cette misericorde vous devez à cette Cour et à son honneur.

Wir müssen darauf zurückkommen bei der stellung des objectes.

Wenn wir uns der auffassung Morfs (p. 212) und Schlickums (p. 6) anschliessen und hierher die sätze rechnen, welche in die directe rede eingeschoben oder derselben nachgestellt sind, so ist zu bemerken, dass sich in der prosa Chartiers kein beispiel findet, und dass in der poesie und bei Gerson vom neufranzösischen gebrauch nicht abgewichen wird. Derselbe findet sich übrigens schon seit den ältesten denkmälern beobachtet (cf. Völcker p. 8.).

d. Eine prädicative Bestimmung.

Eine prädicative bestimmung des subjectes veranlasst stets inversion:

> h1a Telle est la condition naturelle... i3a Car mien n'en a este le prouffit, ne sur moy... a7a Douloureux fut le jour que tu...

Entgegen dem neufranzösischen wird auch pronominales subject wie bei Froissart (Ebeling p. 350) invertirt:

> G. III, 1598D. Pelerins, voires, sommes nous...

Das einzige beispiel der voranstellung einer prädicativen bestimmung des objectes zeigt pronominales subject, welches nicht umgestellt ist:

> i2b Telz que ilz sont tu les as faiz.

e. Eine attributive Bestimmung.

Eine attributive bestimmung bewirkt durch ihr vorantreten inversion des subjectes:

> d11a Car de plus haulte perfection ne pouoient adoncques les simples hommes attendre (spätere ausgabe: attaindre) la congnoissance. h7a De ce temps-la peulx tu auoir remembrance, car...

Eine ausnahme bei pronominalem subject haben wir in dem satz:

> G. IV, 673A. Et de ce il recite plusieurs exemples.

Inversion tritt nicht ein, wenn der attributive genetiv durch en aufgenommen wird:

> i2b et de ce que ilz font, tu en dois porter le faiz.

f. Ein Infinitiv.

Wird der satz durch einen infinitiv eingeleitet, so tritt das subject hinter das verb:

> i12b Mouuoir nous peuent a ce faire moult d'anciennes hystoires. 11a Celer ne se peut ce que loialle affection contrainct a dire.

Nichtinversion kommt vor bei pronominalem subject:

> G. III, 1584C. Car faire nous ne le pourons.

3. Im uneingeleiteten Nachsatz.

Das altfranzösische zeigt verschiedenen gebrauch in bezug auf die stellung des subjectes im uneingeleiteten nachsatz. Im Rolandslied wird das subject gewöhnlich nicht invertirt (Morf p. 215), dagegen in der prosa des XIII. jahrhunderts (Krüger p. 38). In Aucassin et Nicolette ist die regelmässige wortstellung durchgeführt (Schlickum p. 6), während bei Joinville nach adverbialsätzen des grundes und der art und weise inversion die regel ist und nach denen der zeit und des ortes vorkommt (Marx p. 341). Froissart endlich zeigt häufig inversion (Ebeling p. 350). Unsere texte nun verhalten sich wie das neufranzösische (Mätzner § 489): die voranstellung des subjectes ist regel, inversion desselben selten. Beispiele dafür sind:

> e6b Car apres ce qu'il eut este duc desconfit et chetif, recouura il le pouoir de commander sur ... h8a Par dessus tout, puis que tant me charges, te diray je plus ... (wo allerdings auch das adverbiale ursache sein könnte). G.III, 1588C. Et quant le saint hermite eut veu la follie de cet Ethiopien, lui fut après exposé ceste vision. G. IV, 580B. Et s'aucun de vous disoit que ...: respond le Saige.

4. Im eingeleiteten Nachsatz.

Der eingeleitete nachsatz verhält sich wie der eingeleitete vordersatz: einleitende satzglieder bedingen meist inversion des subjectes. Als solche treten am häufigsten adverbien auf, doch auch andere satzglieder:

> h11b Et puis qu'il fault comparer mal a mal, cest auantaige ont les populaires que ... G. IV,572D. Se les Roys d'Israel, les Roys de France sont misericords, Reges Israel clementes sunt, telle doit estre sa Cour, et tel Seigneur, telle Cour. i2a Se ils ont erre, a eulx en doit on demander le tort. e6b Et s'il n'a esperance ..., si peut il esperer le retour ... g7b Et combien que ces choses soient assez euidentes a congnoistre, si y errent plusieurs. g2a Car s'il n'y scet ou veult riens demander, aussy ne trouuera il ... g4b Mais quoy qu'il soit, tousjours est il en dangier ... b11a Et se le pacient crye ..., pourtant n'est meu le sage phisicien a ... c10a Car combien que ..., touteffois appartient ceste demande a ma seur esperance.

Ausnahmen sind z. b.:

> g1a Se tu as prins d'elle ce qu'elle ..., alors tu es debteur ... f1b Car autant comme le ciel est exaulce sur la terre, aussi toutes les voies de dieu sont exaulcees ...

Die beispiele zeigen, dass in unseren denkmälern im allgemeinen übereinstimmung mit denen des XIII. jh. herrscht, während Joinville eine besondere stellung einnimmt cf. Marx p. 341.

B. Stellung des Subjectes im Heischesatz.

Für die stellung des subjectes im heischesatz gelten im allgemeinen dieselben regeln wie für den aussageuden hauptsatz. Inversion des subjectes tritt ein nach coordinirenden conjunctionen, adverbien, präpositionalen gliedern und prädicativen bestimmungen.

> f12b Mais aincois te soit mon peril exemple de les fuir ... g8b Si ne vueille aucun lire l'une partie sans l'autre ... h6a Or s'en garde qui en coulpe s'en sente. i5a En gre prengne celluy qui en a le pouoir, l'aduersite ... a12b Mauldit soit le regret qui ...

Nach et findet die regelmässige stellung statt:

> f12a Et ton repos me soit soulas.

Bis hierher stimmen unsere texte mit Joinville überein (Marx p. 343). Während aber bei diesem im uneingeleiteten wunschsatz das subject dem verb vorausgeht, finden wir auch hier häufig inversion. Wenn dieselbe der darstellung Joinvilles fremd ist, so ist sie dem rednerischen charakter unserer texte ganz entsprechend:

> g10a Ne demande nul, se ... f5b Soit auec ce ta pensee entierement ententiue ... b15b Sachent tous et vous Francois que ... c7a Vueille dieu que ... d5b Voulsist dieu que ... G. IV, 661C. Soient bouttees hors et entierement et hastivement toutes gens d'armes.

Durch que eingeleitete wunschsätze weichen vom neufranzösischen nicht ab. —

C. Stellung des Subjectes im Fragesatz.

Lücking (§ 256 ff.) unterscheidet:
1. bestimmte frage oder entscheidungsfrage. Die frage wird durch die wortstellung ausgedrückt.
2. unbestimmte frage oder bestimmungsfrage, eingeleitet durch interrogatives pronomen oder adverb. —

1. Bestimmte Frage.

Im neufranzösischen besteht ein unterschied zwischen pronominalem und substantivischem subject. Während das erstere einfach invertirt wird, tritt das letztere als absolutes glied an die spitze des satzes, wird aber nach dem verbum durch das entsprechende personalpronomen wiederaufgenommen. Im altfranzösischen dagegen wird substantivisches, wie pronominales subject einfach umgestellt. Für die moderne stellung sind die beispiele bei Morf und Krüger sehr spärlich; aus Joinville fehlen sie ganz; erst bei Froissart kommen beide stellungen neben einander vor. Die beispiele:

> d1a N'a pas la commixtion de l'omme son estre communicant auecques les peres (pierres?), son viure auecques les plantes, sentir auecques les bestes et entendre auecques les anges? e6a Ne fut pas celle exellente cite rommaine prise...?

beweisen, dass zur zeit unserer schriftsteller die frühere form der frage noch geläufig war, aber häufiger tritt die neufranzösische construction auf:

> d2a Abraham fut il frustre de son esperance...? i10a Marcius Cursius ne saillit il pas en la...? c6b Et quant le

peuple retourna..., les blasphemateurs du tout-puissant et les violateurs de la loy, qui furent commencement et exemple d'inimitie, reuindrent ilz en paix en leur pais? a8a Ton couraige se doit il appaiser de souffrir...?

Fragen mit personalpronominalem subject weichen von dem neufranzösischen gebrauch nicht ab:

f12a Te repens tu d'auoir liberte? c2a Cuidoient ilz seigneurier...? etc.

2. Unbestimmte Frage.

Ist das pronomen interrogativum subject oder attribut des subjectes, so steht es an der spitze des satzes:

b12a Qui est apres ces faultes celui qui...? d1a Quelle folle pensee ou quel legier desaroy t'a ainsi demarchie...?

In allen anderen durch ein fragewort eingeleiteten sätzen steht substantivisches und pronominales subject, wie bei Joinville, nach dem verb:

c2a Et que fera l'instrument sans l'ouurier...? c6a Quelles aultres persecutions congnois tu auoir...? d4a De qui te deffies tu entre les humains? b10a Ou est doncques la diuine justice...? c9a Pourquoy vous gardera dieu des ennemis...? d3b Comme te peut si aluchier la lecherie...? b15b Comment oses vous violer...?

Bei Gerson finden wir dieselbe stellung, daneben jedoch auch voranstellung des subjectes als absolutes satzglied und wiederaufnahme desselben durch ein personalpronomen:

G. IV, 572. Car son aduersaire que peut-il autre chose demander icy...? IV, 577 B. Et cette garison comment se donne-elle?

An derselben stelle auch:

Mais comment s'entend cette misericorde?

Noch bei Froissart findet sich voranstellung des subjectes ohne wiederholung desselben durch ein pronomen. In unseren texten kommt dieselbe nicht mehr vor. —

Hier lassen sich die ausrufesätze anschliessen, da dieselben in der form mit den fragesätzen übereinstimmen. Die vorkommenden ausrufe haben die form unbestimmter fragen und invertiren infolgedessen das subject, wo das fragepronomen nicht selbst subject oder attribut desselben ist.

> b8a O, quelle resplandissant clarte espar sur son regne ung vertueux roy catholique! a13b Ha, vray dieu, en quelle resuerie ay je este! d2a Et quantes fois est ramenteue la gloire...! e6a O, quelle admiracion peut on prendre!

Aber nicht invertirt:

> d3a Quelle tempeste luy sourdit, quant...!

D. Stellung des Subjectes im Nebensatz.

1. Conjunctionaler Nebensatz.

Inversion des subjectes im conjunctionalen nebensatz kommt nicht sehr häufig vor und wo wir dieselbe finden, sind meist dieselben motive wirksam wie im hauptsatz. Das invertirte subject ist im nebensatz meist nominal, doch kann auch, im gegensatz zum neufranzösischen (cf. Mätzner § 493), ein personalpronomen nachgestellt werden. Wir finden an der spitze des satzes inversion bewirkend:

> a. **Adverbien und adverbiale Bestimmungen.**
> g10a ... dire que tant l'auoit on usee en gast... i4a je te dy... que aussi en trouueras tu qui... i11b ... que a peine treuuent ilz compaignons ne varletz. Ebenso G. IV, 672A. g9b et de si longue main auoit on ... que dessoubz le ciel ne fut veu le pareil. h5a et tellement est... que entre l'impetuosite des armes se tarissent les loys. G. III, 1589B. ... n'y volons croyre jusques à ce que soudainement viengne l'ire de Dieu sur nous. g8b ... pour ce que en quatre personnages est cest euure comprins.

Inversion trat aber nicht immer ein:

> h11a Peut estre que soubz umbre de noz mains grans oultrages se font. l1b ... que plus joyeusement il allast a l'encontre des ostz, se ...

> b. **Prädicative Bestimmung.**
> i5a ... je doubte que assez grande ne soit elle pas selon... g11a et puisque telle est la loy... i8b Et se plus large

estoit la finance ... G. III, 1586 B. et de ce appert que des-
.raisonnables sont les questions que ...

c. Object.

b12a Auecques ce je croy que les vicieux seuffre la diuine
clemence viure ...

Beispiel für nichteintreten der inversion cf. p. 18.

Ohne den einfluss vorangestellter satzglieder ist inversion des
subjectes selten:

i11b Or aduient que sont faictes entreprinses ou sieges
assis ... a7b et combien que soit grant ton loz et ta gloire,
ce ne te vault ... G. IV, 573. et se ne feust misericorde, qui
me contraint ... G. III, 1593 A. Quant vint ce jour, il ...

Öfter findet sie sich nur nach modalem comme:

f7a Nulles materielles armes ne sont si penetratiues ou
vertueuses... comme est la vertu d'oroison. l1b... comme
firent les Scipions a Romme...

und nach que, welches sich auf einen comparativ bezieht:

f11b Saches que ton absence ne m'est pas moins griefue que
est la mienne a toy mesmes. c9a et plus vous griefue que
ne fait l'ambition oultrageuse... Ebenso G. III, 1581 A.

Daneben die regelmässige stellung:

g9a et a noz ennemis ... donnons ... plus que leur prouesse
ne leur en acquiert. h9a ... qui sont plus fournis et plus
aises que nous ne sommes.

2. Indirecter Fragesatz.

Ist der indirecte fragesatz eingeleitet durch fragende pronomina,
adverbien oder adverbiale bestimmungen, so tritt in der regel inversion des substantivischen subjectes ein.

d7a Et se tu demandes quel est le sens des roys... G. III,
1593 A. Jadis ung Roy demanda à ung Philosophe..., quelle
chose estoit Dieu. d1a Vise quel honneur te fist nature...
h6b ... de scauoir a qui en est le blasme. e10b Monstre
moy en qui et comment esperent les autres. e3a Mais qui
demanderoit dont viendroit ceste seurte, ... d9a Et se tu
demandez pourquoy n'a dieu du tout extermine celle gent...

Wie heute wird pronominales subject nicht invertirt:

f10a Nul ne demande que il doit faire en son office, mais
que vault le benefice.

Fälle der voranstellung des substantiv-subjectes sind selten:

i5a ... pour debatre entre eulx qui le feu y a mis, et a qui le deuoir de l'estaindre appartient. f8a Toutes (sc. sectes) entendet en gros que dieu est, mais toutes ne congnoissent pas, quel dieu est.

In dem letzten beispiele ist eine altfranzösische construction erhalten, welche im XIII. jahrhundert noch öfter vorkommt (cf. Krüger p. 40). Neufranzösisch wäre nach dem prädicativen fragepronomen inversion des subjectes notwendig (cf. Mätzner § 493).

3. Relativsatz.

Im relativsatz ist inversion des subjectes wie im neufranzösischen sehr gebräuchlich und tritt ein nach relativem fürwort und adverb:

d4a ... l'occision que fist Lucresse de soy mesmes ... h5a et justice a laisse son siege tribunal ouquel se siet et preside voulente. G. III, 1599 A. ... Vierge à la quelle prent son recours tout humain lignage, qui ... a4b ... a chose dont me viengne liesse ne confort. b9a ... du ciel ou habitent les choses pardurables.

Doch findet sich auch die regelmässige stellung:

d2a ... de laquelle moult de generations sont yssues. h11a Car en guerre, ou la force regne et le fer seigneurist, ne peut ...

Im neufranzösischen gilt als allgemeine regel, dass das subject um so eher hinter das verb tritt, je complicirter es ist, und je einfacher das verb. Diese regel des wollautes ist in unserer Zeit noch nicht beobachtet: es geht oft gerade ein längeres subject dem einfachen verb voraus:

e1a Car ou verite et raison, qui sont fondement de la loy diuine, leur faillent, ilz ... d5b ... et de adolescence a qui le temps de labour et semaille appartient pour preparer .. e2a ... dieu duquel toute sainte loy et toute vie humaine et pardurable par necessite et par apparente raison deppend.

In den durch où eingeleiteten sätzen tritt im altfranzösischen gewöhnlich keine inversion ein, wenn das verb estre ist (cf. Mätzner § 494). Wir finden beide stellungen:

i7a La est trouuee la fermete..., ou sont les extremes perilz. G. III, 1599. C'est le Royaume de Paradis où est nostre Seignieur et Pere.

Daneben i8a et ou le rebours est, c'est signifiance...

Zum schluss haben wir noch zu handeln von der

Trennung des Subjectes vom Verbum.

Sowol das invertirte, als das nicht invertirte subject kann vom verbum getrennt werden. Bei dem ersteren ist die trennung weniger häufig als bei dem letzteren. Die trennenden glieder sind meist adverbien oder adverbialien, doch auch object und prädicativ findet sich an dieser stelle:

f2a Comme doncques parle tant l'escripture de sa fureur et de son yre? e7b Si en ont finablement les defendeurs prouffit... f5b Si doit estre en priant ton affection ardamment desireuse. G. IV, 662B. Dit en un autre lieu le Sage. — e5b Bien te sera estrange la fortune de Mitridates... d5b Moult est dure marrastre et perilleux aduersaire mole paresse.

Die wenigen beispiele für diese stellung des objectes cf. p. 19.

Ein personalpronominales subject wird, wenn es dem verbum nachsteht, nie von demselben getrennt. Geht es aber dem verbum voraus, so können im altfranzösischen satzbestimmungen aller art zwischen beide treten, nicht bloss, wie im neufranzösischen, die negation ne, das personalpronominale object und die pronominaladverbien en und y (cf. Mätzner § 496). Beispiele liefern Krüger p. 27 und Marx p. 345. Auch in unseren texten ist diese auseinanderstellung nicht ungewöhnlich, ein beweis, dass noch im XV. jahrhundert der nominativ des personalpronomens als betont aufgefasst wurde. Die zwischen subject und verb eingeschobenen satzteile sind teils attributiv, teils adverbial.

a14a Et je, qui estoie demoure apres tant d'enhan comme esperdu et esuanouy, ne pouoie... g8a Et je, meu de compassion, pour ramener a memoire l'estat de nostre infelicite et a chascun ramenteuoir ce que a lui est touchie, ay compose... d4b Tu, qui as attaint la sourse de vraye esperance plus auant que eulx, ne dois apres eulx desirer vanite... c2a Tu, homme mortel, veulx gouuerner... d9a et il, qui est du tout parfait et acomply fut l'acheuement... g12a

...que vous, qui me deuez soustenir, defendre et releuer, estes
aduersaires de ma prosperite. — G. III, 1591 A. Nous en cest
haulte sollempnite avons à parler et à oyr de la ... g12a
et vous par dedens me guerroiez par ...

Ein dem verb vorangehendes, nicht personalpronominales subject kann von demselben getrennt werden. Namentlich ist dies der fall, wenn das relativpronomen subject ist. Die trennung kann geschehen

1. durch adverbiale bestimmungen:

d13a ... qui de roberie et rapine se enrichirent ... i8b ...
ceulx qui sur le pays viuent. e12a et tesmoigne que dieu
a leur inuocation et priere les pouruoit de viande ...

Grosse häufung derselben zeigt der satz:

16b il conuint que le roy de France par puissance d'armes,
a grans dommaiges, despens et interestz de luy et de ses
subjetz, tant par sieges comme aultrement mist hors de son
royaulme les Angloiz qui dedens estoient.

Ähnlich: e2a13, d12a3, i1b29, g11b29 etc.

2. durch eine prädicative bestimmung, was aber sehr selten geschieht:

e3b et seul doit fouruoir*) qui tout seul se guide.
poés. A13a Ung bien de ceulx qui loyaulx sont.

3. durch ein object.

i5a ... pour debatre entre eulx qui le feu y a mis ...
G. IV, 573 D. et chacun ja cecy scet. h11a ... ceulx qui le
mal font qui sur le peuple redonde.

Mehrere subjecte gehen entweder dem verbum voraus:

h8a ... quant ta vaine indignation, ta folle cuidance et ton
erreur sont les achoisons et la racine des maulx que ...

oder werden invertirt:

G. III, 1594 A. ... comprendre que en ung pois soient comprises
toutes les figures et les ymaiges et les lettres qui pourroient
estre formees.

Der fall, dass die subjecte zum teil vorangehen und zum teil folgen, kommt nicht vor.

---

*) Die ausgabe von 1617 schreibt: foruoyer.

II. Stellung des Objectes zum Verbum.

A. Das nominale Object.

Im neufranzösischen hat sich die stellung des objectes fixirt und zwar hinter dem verbum, teils weil ihm als ergänzung desselben diese stellung am natürlichsten zukommt, teils weil bei dem verlust der casusendungen, welche im altfranzösischen subject und object unterschieden, ein sicheres erkennen nur möglich war, wenn beiden satzgliedern eine ganz bestimmte stelle im satze angewiesen wurde.

Die regelmässige neufranzösische stellung: subject-verb-object ist auch in unseren texten die gewöhnliche. Dabei ist trennung von verb und object durch adverbien und adverbiale bestimmungen häufig:

> b13b et la dissolution des clercs enhardit maintenant chascun a ... a14a ... jusques a ce que entendement se retrait vers ... et ouurit a grans effors, pour donner plus grant clarte, ung petit guischet dont ...

Die sätze, welche diese stellung der satzglieder nicht zeigen, verteilen sich wie bei Joinville (p. 347 ff.) und Froissart (p. 354) auf alle nur möglichen anordnungen von subject, verb und object.

1. Object, Verb, Subject.

Wie wir bei der behandlung der stellung des subjectes sahen, veranlasst voranstellung des objectes in der regel nachstellung des subjectes. Diese stellung ist ziemlich häufig und tritt fast nur im hauptsatz auf. Beispiele sind p. 6 gegeben; wir fügen noch einige hinzu:

> i7b Tel exemple auons nous en semblable cas ... f5a Et ces troys demandes ordonna dieu ... d4a Tresdommageux eschange te conseille desesperance, quant ...

Auch trennung des invertirten objectes ist nicht selten:

> h3b Ces parolles moult aigrement et de cueur cource disoit aux trois dessus descrips ceste dame tresadoullee. G. IV, 566B. Victoire voirement nous a donné Dieu.

2. Object, Subject, Verb.

Hier sehen wir natürlich ab von dem fall, dass das relativpronomen object ist; denn dieses geht stets voran und beeinflusst die wortstellung nicht.

Im XIII. jahrhundert war die stellung: object-subject-verb unmöglich, da zu jener zeit die unter 1 erwähnte regel noch streng durchgeführt war. Dagegen finden wir sie belegt bei Joinville und Froissart, und zwar ist das nicht invertirte subject fast immer ein personalpronomen. Ebenso verhalten sich unsere texte:

> G. IV, 572 C. Et ce elle fait sommairement. g1b Ceulx elle decoit voulentiers qu'elle ... f12a et par l'erreur du mesprisement que tu en as acquis, les choses qui de leur mesme condition sont plus a mespriser que par vices d'aultrui, tu loues et exaulces.

Das subject ist substantivisch in dem satze:

> i1b Pour ce te dy que la grant plante des biens et des richesses du temps paisible les puissans et les nobles hommes ont use en gast et dissolucion de vie et ingratitude et descongnoissance de dieu qui ...

3. Subject, Object, Verb.

Diese stellung, welche wir schon p. 16 bei der trennung des subjectes vom verb berührt haben, findet sich vorzugsweise in relativsätzen, deren subject das relativpronomen ist.

> b3a ... et me excuse vers dieu qui telle compaignie m'a baille. c4a Car ceulx qui politiques nous escrirent, ont ... g3a ... luy qui sus tous les hommes de son temps la franchise auoit.

Ebenso: g6b4, g9b6, h6b16 etc.

Selten tritt das object an diese stelle, wenn das subject nicht relativpronomen ist:

> h8b ... combien que chascun son dueil plaint. G. IV, 573 D. et chacun ja cecy scet.

In der poetischen sprache öfter z. b.

> B1b De ceste feste me lassay,
>   Car joye triste cueur trauaille.
> A11a Lorsqu'amours les amans esueille.

Kreuzstellung finden wir:

> G. III, 1587 B. Car elle efface les pechiés et à dieu les pecheurs reconcilie.

4. Verb, Subject, Object.

Da invertirtes personalpronominales subject nie von seinem verb getrennt wird, ist in sätzen mit solchem subject die reihenfolge verb-subject-object selbstverständlich; es ist daher nicht nötig, beispiele zu geben. Substantivisches subject kann zwar, wenn es invertirt ist, vom verbum getrennt werden, doch geschieht die trennung sehr selten durch das object: die stellung verb-subject-object ist bei weitem häufiger als die unter 5 anzuführende: verb-object-subject.

Marx macht (p. 349) für Joinville die beobachtung, dass nominales subject und nominales object nur einmal unmittelbar neben einander stehen, während in allen anderen fällen attributive bestimmungen dazwischen treten: „Ihr zusammenstehen würde störend empfunden werden."

Wir finden die unmittelbare nebeneinanderstellung ganz gewöhnlich:

> b8a Encore par Samuel preaduertit dieu son peuple ... b7a Pour ce transporte dieu les royaulmes d'une main en aultre. e7a et puis lui tourna fortune le doz. g7a Ainsi ont les seigneuries leurs commencemens et leurs accroissemens et leur declin... G. III, 1592B. et en toutes ces choses demonstre ce nom sa vigoreuse puissance.

Neben dem subject können auch noch adverbialien zwischen verb und object treten, z. b.:

> h4a Comme auroit homme en ce party pacience parfaicte, quant...?

5. Verb, Object, Subject.

Diese stellung, welche bei Joinville selten und auch bei Froissart gegen die vorige in der minderzahl vorkommt, scheint nur noch aufzutreten, wenn das subject bedeutend umfangreicher ist, als das object. Wenigstens ist es in den vorkommenden fällen durch attributive bestimmung oder relativsatz erweitert.

> 14a Car autant exaulsa la gloire des Rommains et renforca leurs couraiges a vertu la plume et la langue de leurs orateurs comme les glaiues des combatans. f1a De ce t'a baille par auant bonne similitude ma sueur foy qui a premiere parle. e10a Car encores en tiennent leurs comptes les vaillans qui ...

Ist das subject ein personalpronomen, so kann es ausfallen. Auch in diesem falle finden wir, wie in früherer zeit, inversion des objectes, namentlich bei unpersönlich gebrauchtem auoir, wie bei Villehardouin (cf. Krüger p. 47).

> c3a ... et vous mauuaistiez mettra en perdition et baillera sa vigne... a10a Autre desconfort y a... h6a Autre esperance y a imparfaicte qui...

Dass voranstellung des objectes auch beim imperativ gebräuchlich war, zeigt der satz:

> g5a Fuiez ... et nostre aueuglement mesprisez, qui ne peut ou ne veult congnoistre...

Es ist zu bemerken, dass der imperativ, dessen object vorangestellt ist, durch et einem anderen angereiht ist. Wir werden dasselbe bei dem personalpronominalen object zu beobachten haben.

Über die stellung des objectes zwischen hülfsverb und particip cf. prädicativ des objectes, und über die stellung zu verbum finitum und infinitiv wird ein eigenes kapitel handeln. —

Mehrere nominale objecte folgen entweder dem verb:

> g11b l'omme y quiert sa seurte, sa paix, le refuge et le repos de sa vieillesse et sa derreniere sepulture,

oder sie gehen voraus, wobei das subject, wenn es nicht ausfällt, invertirt wird:

> b13a ... et le seruice de dieu et le salut des ames laissent en nonchaloir. b13a Las, non pas le deuoir et sacrifice seulement ont ilz en mespriz, mais ...

Eine dritte anordnung giebt es nicht.

B. Das personalpronominale Object.

Über die anwendung der schweren formen werden wir bei der behandlung der von einem infinitiv abhängigen satzglieder zu sprechen haben, da sie sonst nicht vorkommen. Nur in verbindung mit mesmes finden wir sie wie ein substantivisches object nachgestellt:

> a13b ... que j'ay oublie moy mesmes et delaisse le condit...
> c8b ... et destruisez vous mesmes.

Zu den leichten formen des personalpronomens rechnen wir auch die pronominalen adverbien en und y. —

Wie im neufranzösischen gehen die tonlosen personalpronomina dem verb voraus:

g 11 b l'omme y quiert sa seurte... b9b ... je n'en vy plus branche, tige, ne racine. f11b Tu me admonnestes... ad ce que je te prepare lieu ...

Der fragesatz zeigt auch in bezug auf die stellung des personalpronominalen objectes keine abweichung vom neufranzösischen:

d7b Pourquoy le desirent ilz...? c12a Comment doncques m'as tu ainsi delaissie...? e9b Le fist il ainsi pour...?

Mit dem altfranzösischen sprachgebrauch übereinstimmend (cf. Krüger p. 26, Marx p. 330, Ebeling p. 356) haben unsere texte die eigentümlichkeit, dass die tonlosen formen vor den affirmativen imperativ treten, sobald dieser durch adverbien oder adverbiale bestimmungen eingeleitet oder durch eine conjunction einem vorhergehenden imperativ angereiht wird. In dem letzteren falle kann auch im neufranzösischen das pronomen dem imperativ vorausgehen (cf. Mätzner § 502).

g4a Se tu as office en court, si t'appareille a y combatre. d8a Or y pren garde... e3b Apres ces choses te garde de... — e3b ne fay pas ton esperance..., ains les fais seruir a ton esperance. d4b Dispose doncques ta vie ... et t'apareille a viure apres mourir. b3a Et regard(e) a l'importunite de corps... et me excuse vers dieu... g5a Fuiez... et vous tenez loings de icelle... G. III, 1597D. Ouurons les yeulx de nostre pansee et les nettoyons de toute ordure.

Ausnahmen von dieser regel sind selten:

G. III, 1584B. Comme il soit ainsi que la voie de pechié est..., laissons-la donc et tantost et de tout nostre coeur convertissons-nous à Dieu...

Dieser satz zeigt auch zugleich, dass bei uneingeleitetem imperativ das object nachgestellt wird.

Stellung der tonlosen personalpronomina zu einander.

Im altfranzösischen tritt der accusativ der dritten person vor den dativ in allen personen (cf. Ebeling p. 358). So verhält sich Joinville, so auch meistens Froissart und unsere texte.

b1b Je le te monstre par exemple... G. IV, 580C. Je le vous diroye... G. III, 1583C. Car ainsy le nous commande-il. c2b Et cil qui..., la vous peut retollir. e12b

Ton appetit le te fait prier. f8a ... pour les leur pouoir tollir ou donner.

Daneben auch schon die moderne stellung:

g4a ... mettent peine a te le oster. G. III, 1582 B. Car ainsi nostre souverain Prince et Seigneur, ..., nous le commande.

Treffen die pronominaladverbien en und y mit einem personalpronomen zusammen, so geht das letztere voran:

g9a ... plus que leur prouesse ne leur en acquiert. a16a ... selon que la diuine ordonnance les y assist. f12a ... et qu'elle ne nous y a pas fait tous deux meschans.

Dem neufranzösischen entgegen steht en vor y, wie auch meist bei Joinville und Froissart:

a7b ... se aucuns en y a. i4b ... ce qu'il en y a. Ebenso: i11b, b11b etc.

C. Der Infinitiv als Object.

Die gewöhnliche stellung des objectsinfinitivs ist die nach dem verbum finitum. Doch findet sich, wie in früheren denkmälern, noch eine anzahl von fällen, wo inversion eintritt. Die meisten dieser sätze sind nebensätze:

a14a ... si que tourner ne se sauoit vers ... l2a ... puisque fouyr vouloient. i6b ... se obuier n'y scauent. g6b ... qui commander souloient par auctorite. g9a12, h3b4 etc.

Hauptsatz z. b.: i12b Mouuoir nous peuent a ce faire moult d'anciennes hystoires.

Abgesehen von tonlosem pronomen etc. wird der invertirte infinitiv nicht vom verbum finitum getrennt. Bei der regelmässigen stellung aber kann er durch satzglieder vom verb entfernt werden.

a. **Der infinitiv folgt unmittelbar.**
d15a Tu deuoies eslargir les loys estroictes ... a6b Se tu veulx congnoistre fortune ...

b. **Der infinitiv wird getrennt vom verb.**

Die trennung kann geschehen:

durch das subject:

b6b ... que par luy seul peuent les roys regner. d15a Et ce voult il retenir des ydolatres ...

durch ein vom infinitiv abhängiges object:
> a12b ... puisque pourete ne peut viellesse nourrir et viellesse ne veult pourete endurer.

durch adverbien und adverbiale bestimmungen:
> b8a Et par icelles ... pouons de sa justice jugier. c4b ... et plus doit cautement et sagement aller cil qui ...

durch mehrere dieser satzglieder zugleich:
> a5b· ... ainsi comme s'elle eust pourpense par vengence aucun en seurprinse fuster ou batre. b12b Et touteffois ... pourroies tu, s'il te plaisoit, ton eglise et tes ouailles preseruer de toute violence et de guerre. i8a Et en ce pas ne me vueil je trop auant bouter ... etc.

Ist ein nominaler accusativ logisches subject des infinitivs, so steht er meist zwischen demselben und dem verbum finitum:
> c11b Et si tost que entendement sentit esperance approchier ... b16b ... tu verras tous ceulx cheoir en miserable vie ... a15b et ne laisse pas ce corps, serf au monde, te tirer ...

Weniger oft steht derselbe dem infinitiv nach:
> b9b Pour ce voy tu si pou regner ceulx qui ... b16a ... a dieu souffert aduenir punitions publicques. b2b ... qui par armes faisoit trembler soubz soy tout le monde.

Am seltensten ist die voranstellung vor das verbum:
> b12a Auecques ce je croy que les vicieux seuffre la diuine clemence viure, ou pour ...

Ein personalpronominaler accusativ als logisches subject des infinitivs steht vor dem verbum finitum:
> c6a Aincois les souffrit la diuine determinacion mourir les ungs ... g9b ... se fortune ... l'eust souffert en sa beaulte demourer.

III. Stellung des Prädicativs zum Verbum.

A. Prädicativ des Subjectes.

Im neufranzösischen folgt die prädicative bestimmung gewöhnlich dem verbum, während sie im altfranzösischen häufig vorausging. Eine entschiedene neigung sogar zur voranstellung constatirt Völcker

(p. 22) in den ältesten denkmälern. Bei Joinville überwiegt die moderne stellung (cf. Marx p. 346); ebenso verhält es sich mit Chartier und Gerson.

Was die einteilung betrifft, so unterscheiden wir mit Morf (p. 233 ff.):
    a. prädicativ, welches nicht teil einer zusammengesetzten verbalform ist,
        1. mit estre,
        2. mit anderen verben.
    b. die zusammengesetzte verbalform.

a. Prädicativ des Subjectes, abgesehen vom part. perf.

1. mit estre.

Die stellung: subject, verb, prädicativ ist die regelmässige. Sie findet sich in haupt- und nebensatz und zwar kann das prädicativ sein: substantiv mit oder ohne präposition, adjectiv oder infinitiv.

Im hauptsatz: b16a Car religion est de si grant excellence que... i4b mais son yssue est aggreable et sumptueuse... f1a Mais dieu est vraie voie, verite et vie. e11b... et justifier l'omme sans merites seroit le desordonnement de sa justice faire. G. III, 1585A. La premiere est telle.

Im nebensatz: d7b ... que le peuple des juifz est par si long temps en dispercion et reboute... i6b ... de la maison roial dont il est filz et heritier. b10a Homme n'a ce qui est sien... h12a... que ses pertes sont et ont este grandes... d5b Et combien qu'elle soit a tous contraire, ... e11a Car combien qu'il soit seul tout-puissant... c6a ... que le peuple d'Israel fut par xl ans errant par ... G. III, 1597 D. ...que Messias estoit à naistre.

Dass trennung des prädicativs von estre erlaubt ist und sehr gewöhnlich vorkommt, wird aus den angeführten beispielen zur genüge klar.

Veranlasst irgend ein vorangestelltes satzglied, ausgenommen die prädicative bestimmung selbst, inversion des subjectes, so ergeben sich folgende zwei anordnungen:
        1. verb, subject, prädicativ.
        2. verb, prädicativ, subject.

Die zweite dieser beiden stellungen ist die seltenere; dies erklärt sich daher, dass invertirtes subject nicht gern vom verb getrennt wird.

Die stellung: v. s. p. zeigt sich fast nur in hauptsätzen, und das prädicativ ist substantiv oder adjectiv.

> a8a Encores nous est Boece aultre exemple. i1b Si est vostre demesuree vie et vostre desordonne gouuernement cause de nostre impacience ... G. III, 1599B. ... à la quelle chose nous est grace necessaire. i4b Et fut l'entree de son parler telle. c1b Comme seront ceulx dignes de sa paix qui ...?

Ausser dem subject können auch noch adverbiale glieder zwischen verb und prädicativ stehen:

> a8a Car pour ... fut il par le roy Theodorich a Pauie, ou il composa son liure de consolacion, finant ses jours en prison miserable.

Die stellung: v. p. s. ist natürlich nur bei nominalem subject möglich, da personalpronominales sich unmittelbar dem verbum anschliesst. Das prädicativ ist meist adjectivisch und einfach.

> 11a Si estoit telle leur cure que ... b11a Tant est longue sa sapience ... G. IV, 664C. Sy est moult bel ce salut et tel comme ... a7b ... et combien que soit grant ton loz et ta gloire ...

Substantivisches prädicativ z. b.:

> 14b Apres saint Loys fut roy de France Phelippe son filz qui ... c4b ... se tu veulx scauoir, dont est source telle ganglerie.

Zuweilen fehlt das subject, wodurch die drei stellungen, in denen das prädicativ dem verb folgt, in eine zusammenfallen: verb, prädicativ.

> c10b Si est par methaphore comparable a l'oysel ...

Bei vorangehendem prädicativ sind folgende combinationen möglich:

1. präd. subj. verb., 2. subj. präd. verb., 3. präd. verb. subj.

Die erste stellung: p. s. v. ist bei Joinville sehr selten; Marx führt einige beispiele derselben aus relativsätzen an (cf. p. 346). Wir finden nur:

> G. IV, 663A. ... lequel regne ... et auquel subjette toute autre Seignorie est,

und bei Chartier den satz:

> f8a ... ne congnoissent pas quel dieu est,

in welchem nach dem prädicativen fragepronomen das subject nicht invertirt ist (cf. indir. frage p. 14).

Ebenfalls nicht häufig ist die zweite stellung: s. p. v., welche nur im relativsatz vorkommt, wie bei Joinville.

> h2b Et qui plus fort est, je ose... h6b ...qui en armes estoit.

Weitere beispiele cf. p. 16, wo von der trennung des subjectes die rede ist.

Bei weitem am häufigsten kommt die dritte stellung: p. v. s. vor. Es ist dies der fall, dessen wir schon bei der inversion des subjectes gedacht haben, dass in haupt- und nebensatz eine vorangestellte prädicative bestimmung nachstellung des subjectes verlangt. Das prädicativ ist vorwiegend adjectivisch.

Im hauptsatz: h5a ... et le tesmoing en est intollerable famine.
> g1a Telles sont les ouuraiges de court que ... d7b Grande est leur malediction. c12a Bieneureuse et conjouye soit ta desiree venue ...

Zwei prädicative adjectiva gehen entweder beide dem verb estre voran, wie:

> b6b Maleureuse et trop pesant est la couronne ...,

oder nur eines geht voran und das andere folgt:

> i4b Longue fut et trop ennuieuse, qu'il n'affiert, la contencion de ces deux.

Im nebensatz: d5a ... a congnoistre quelles sont contrefaictes esperances ... i8b Et se plus large estoit la finance.

Weitere beispiele für den hauptsatz p. 7, für den nebensatz p. 12.

Wie in früherer zeit kann bei vorausgehendem prädicativ das subject ausgedrückt sein durch einen subjectssatz oder einen infinitiv:

> c10b Vray est que nous pouons ca jus aucunes choses esperer. e8b Grant merueille fut que l'exces de vostre ingratitude ne peut effacier... i6b Dur luy seroit y pourueoir au bien ... h5a Enuieuse chose est a recouurer et plus griefue a soustenir ma piteuse desolacion.

Daneben haben wir auch fehlen des subjectes:
> 14a ... car assez pres estoie. h8a ... car ameres sont a ramenteuoir. h9b Autrement est.

2. mit anderen verben.

Nachstellung des prädicativs ist auch hier die regel; andere stellungen kommen nur vereinzelt vor.
> h5b La nostre police francoise semble de present l'ostel d'ung ... a11a ... je demouray tout suspens et surpris et mes pensees vagues et esgarees ... c6b ... que les princes et les chiefz seroient menez prisonniers en Babiloine. c12a ... entre lesquelles ... tu demeures en champ non vaincue, contrestant les meschiefz ...

Die beispiele zeigen adjectivisches und substantivisches prädicativ im haupt- und nebensatz. Auch trennung ist erlaubt.

Zwischen verbum und invertirtem subject steht das prädicativ in dem satze:
> g9b ou millieu se monstroient entaillees lettres, caracteres et figures de diuerses sciences qui ...

Die stellung: verb, subject, prädicativ ist ebenfalls nur spärlich vertreten:
> i2b ... encores demeure ton langaige aigre et poignant. c9b Par ces solutions ... demoura entendement assiege et rendu en plus doulx repos de conscience.

Ist ein relativpronomen subject, so kann die prädicative bestimmung zwischen diesem und dem verb stehen:
> h2b qui comme souldoiers vindrent au secours du roy ... i1a qui premier parle (nach der ausg. von 1617: parlé auoit).

b. Die zusammengesetzte Verbalform.

Schon in den ältesten französischen denkmälern ist es überwiegender gebrauch, das particip dem hilfsverb nachzustellen (cf. Völcker p. 24, Morf p. 235). Diese stellung, welche im neufranzösischen durchgeführt ist, findet sich auch mit ganz vereinzelten ausnahmen in unseren texten. Es würde überflüssig sein dafür beispiele anzuführen; nur diejenigen fälle sind zu betrachten, wo das particip nicht unmittelbar dem hilfsverb folgt.

Die trennung beider teile war bei Joinville schon bedeutend seltener als im XIII. jahrhundert (cf. Marx p. 327); in's besondere fand sich ein durch attributive bestimmungen erweitertes subject und eine prädicative bestimmung nie an dieser stelle und präpositionales adverbiale nur einmal. Freier ist in dieser beziehung noch Froissart, wie die von Riese (p. 5) angeführten beispiele beweisen, und dieselbe freiheit finden wir auch noch bei unseren schriftstellern.

Das eingeschobene subject ist zwar in der mehrzahl der fälle, wie bei Joinville, einfach z. b.

>c8a De toutes pars sont les chasteaulx habitez ... a14a Par l'entree de ces dames fut la place esclarcie ...
>Ebenso a7b20, b12b2 v. u. etc.

doch kommen auch nicht selten erweiterte subjecte zwischen hilfsverb und particip vor z. b.

>e6a Ne fut pas celle exellente cite rommaine prise et arse...
>e11b Pour les bestes doncques ne fut pas suffrage d'oroison estably. i8b Et si sont les aydes qui leuer se souloient, pour la guerre, cessees du tout...

Ausserdem treten als trennende glieder auf:

ein prädicativ:

>h8a ... dont les aucuns furent vifz transgloutiz en terre. poés. d10a Et dieu est homs deuenu.

und häufig adverbien und adverbiale bestimmungen:

>e8b Ce fut sans cause fait a cestui ... d3a Et toutesuoies il fut par tant de temptations esprouue ... d11a Jupiter qui..., fut par telle folie apres sa mort apelle dieu. e11b ...tu ne fusses pas si parfaictement cree, comme tu es. Ähnliche beispiele: a10a4, f3b16, h12b5, b2a4, d2a1 etc.

Zuweilen finden wir auch mehrere der genannten satzglieder zugleich eingeschoben, so z. b. subject und prädicativ:

>c5a ... que es premiers ans furent les sept ars liberaulx appeles, pour ce que ...

subject und adverbiale:

>g6b ... ainsi est leur fin et leur detriment par sentence donnee. G. IV, 666C. ... et feut la proposition solemnellement

acordée, puis avouée.

Auch die erscheinung der kreuzstellung, zu welcher Chartier neigt, beobachten wir:

> b2a Et lors fut foulee la vanite de vie mondaine et la foiblesse des humbles esuertuee.

Inversion des particips ist selten. Sie kommt vor bei Chartier in dem wunschsatz:

> a12b Mauldit soit le regret qui ...

und bei Gerson IV, 574 C. et là fait feut du lieu de sûrete lieu de bataille et de cruauté.

In den übrigen fällen ist kein subject ausgesetzt:

> g10a Car si separees, descherpies et desordonnees furent que ... c5a ... jugeant que euure de faict, suppose que executee soit ... 15a comme dict est. 16b parce que dit est.

B. Prädicativ des Objectes.

Wir unterscheiden auch hier das prädicativ, welches nicht teil der zusammengesetzten verbalform ist von der aus auoir und einem particip bestehenden zusammengesetzten verbalform.

a. Prädicativ des Objectes, abgesehen von der zusammengesetzten Verbalform.

Im neufranzösischen ist es regel, dass das prädicativ dem object folgt. Auch in unseren texten ist die stellung: verb, object, prädicativ am häufigsten.

Bei auoir ist das prädicativ nur adjectivisch:

> c11b Ceste dame esperance auoit la face riant et joyeuse, le regard hault et la parole agreable ... a14a Car encores auoit il ses yeulx esblouis. G. III, 1585 C. Car ils ont l'oeil de l'entendement trop obscur. G. IV, 574 D. ... l'autre ot sa robe parcée.

Bei anderen verben findet sich prädicatives adjectiv, substantiv, infinitiv etc.

> g3a Se nous appellons ung lieure lion ... g12b que les plusieurs de vous laissent la seigneurie, dont ..., sans deffence, exposee a toute fortune ... b7b ... et fist Babilonne inhabitable. b10b Car qui veoit les maulx impunis et les biens mal guerdonnez ... g11a Quelle musardie ou ... vous tient

les mains ployees et les voulentes amaties? h2a Semiramis laissa bien a moictie ses cheueux a peigner... a8a ... de Dyogenes qui tenoit celluy pour beneure a qui ...

Adverviale bestimmungen können noch zwischen object und prädicativ treten:

c6a Tousjours aura sa main a ferir estandue ... a4b ... que je sentoye mon cueur au dedans destroit ...

Die stellung: verb, prädicativ, object tritt gern ein, wenn das object durch nähere bestimmungen umfänglicher geworden ist. Als prädicativ tritt auf adjectiv und substantiv.

d1b ... ne aussi il ne fera point vaine la pure et parfaicte esperance ... G. IV, 659C. Nous qui veons confundus et confus les adversaires mortels de vôtre vie civile et poltique, Roïale et universelle ... b13a et tiennent a honte l'ordre dont ilz couuoitent ... 17b Et print a femme Ysabel, fille legitime du roy de France ... e2b Je faiz juge toute bonne crestiente.

Eine dritte häufiger auftretende stellung ist: object, verb, prädicativ. Hier ist das object häufig personal- oder relativpronomen, das prädicativ meist adjectivisch oder substantivisch.

G. III, 1596D. Cecy nous veons maintenant acompli. f2b ... qui toutes choses congnois telles qu'elles sont. f12a et qu'elle ne nous y a pas fait tous deulx meschans. d7b ... qu'ilz ont mesprise et contemne venu. d4b ... qui ... nous a fait personniers des conseilz ... b15b ... que dieu a esleus parsonniers de vie pardurable.

Auch den präpositionalen infinitiv in dem beispiel:

h12a Telle euure auons nous a mener ...

kann man als prädicativ des objectes auffassen.

Endlich kann auch noch das prädicativ vor object und verb treten, so dass wir hier eine stellung haben (p. o. v.), welche im XIII. jahrh. noch vorkommt, sich aber bei Joinville nicht mehr findet. Das prädicativ ist tel, das object personalpronomen:

i2b Telz que ilz sont tu les as faiz ...

Die noch übrigen möglichen combinationen: prädicativ, verb, object und object, prädicativ, verb kommen auch in unserer zeit nicht mehr vor.

b. Die zusammengesetzte Verbalform.

In noch höherem masse, als bei der mit estre zusammengesetzten verbalform, ist bei der mit auoir zusammengesetzten die neufranzösische stellung durchgedrungen: nur ein einziges beispiel von inversion des particips finden wir. Bei Joinville bereits beschränkte sich die umstellung auf den relativsatz (cf. Marx p. 326) und die beispiele, welche Riese p. 6 aus Froissart anführt, bestätigen dies. Ebenso der bei Chartier vorkommende satz:

i1a ... que celuy qui premier parle auoit*) print ...

Das nicht invertirte particip kann von auoir durch verschiedene satzglieder getrennt werden. So finden wir dazwischengestellt
das subject:

c1a ... ains a chascun aplicque l'auctorite ... d12b Bien auoit dieu pourueu ...

das object:

a10b ... dire que dieu a les Francois delaisses et oubliez. i10b ... ja soit qu'il eust la victoire obtenue. g10b ... les eaues et les gens y auoient tel dommage fait ...

Aus rhetorischen gründen findet sich in demselben satze voranstellung und nachstellung des objectes:

a14a Car j'auoye tourne ma face et ma fantasie fichee vers ... Ähnlich h3a Ce sont ceulx qui vos peres et vos predecesseurs ont souuent guerroies, ars et degastez vos champs et vos villes et qui ...

prädicative bestimmungen:

f1a ... qui a premiere parle. c10a ... qu'il nous ait tous faiz pour ...

adverbien und averbiale bestimmungen:

g10b ... que ... on auoit ca et la assises. g1a ... qu'elle auoit deuant esleue. a11b ... ont voluntairement choisy la mort. So: a13b$_{15}$, c2a$_{11}$, c7a$_3$ etc.
a5b ... ou j'ay depuis plusieurs jours demoure ... f9b ... ce qu'ilz ont en leur jeune aage mal acquis.
So: a4b$_5$, c5b$_{14}$ v. u., g8a$_{14}$ etc.

mehrere dieser satzglieder zugleich, z. b. object und adverbiale:

h2a ... jusques elle eust par pouoir d'armes sa cite mise en subjection. Ebenso h4b$_{12}$ v. u.

---

*) parlé avoit schreibt der druck von 1617, während der ältere das „avoit" nicht hat. Da der sinn aber das plusquamperfectum verlangt, nehmen wir es auf, zumal da fehler in der ältesten ausgabe nicht selten sind.

IV. Stellung des Adverbials zum Verbum.

A. Stellung des eigentlichen Adverbs.

Bei der besprechung der stellung des subjectes fanden wir, dass inversion desselben häufig veranlasst wurde durch adverbien, welche an der spitze des satzes standen. Zählt man dazu noch die fälle, wo trotz der vorangestellten adverbien inversion nicht eintrat, oder wo das subject nicht ausgedrückt war, so lässt sich eine grosse neigung derselben, diese hervorragende stellung einzunehmen, constatiren.

Alle arten von adverbien kommen den satz einleitend vor.

Ortsadverbien.

a6b La s'esbat elle de ses tours bestournez ... Ebenso: e5b25, d6b6 v. u. etc. G. III, 1599D. Ycy sont les sept poins ... e5b Ailleurs pourras tu lire, comme ... g5b Illecques n'entrent nulz pechez.

Zeitadverbien.

Sehr oft und nur an der spitze des satzes findet sich or:

f2b Or n'est le souleil plus cler ... d2b1, d12a 2 v. u., f10a 20 etc.

Ebenfalls öfter, doch nicht auschliesslich, stehen voran maintenant und encore:

b15a Encores remaint le doubte ... b10a8, e6b6 etc.

g7b Maintenant a peine en reste ... d8b2 v. u., h6b6 v. u. etc.

Sonst findet sich noch:

g1a Adonc y seras tu plus meschant. b14b Lors leur viendra a memoire la reuelation ... e3b Puis te couuient il laisser ... f9b Jadis furent messes establies ... f8b ... pour recongnoistre que tousjours auoient ilz ... etc. etc.

Modalitätsadverbien.

Die auf —ment gebildeten adverbien treten zur besonderen hervorhebung auch an den anfang des satzes, doch sind die fälle nicht häufig. Dagegen wird diese stellung besonders bei den adverbien der quantität und des grades bevorzugt.

d12a Merueilleusement est yci renuersee et confondue la besterie ... e4a Grandement me sans conforte ...

e1a Ainsi ne fist pas Machomet. Ebenso: d10b4 v. u. etc.

i2a Tant puis je dire que ... Ebenso: c8b5, i3a3 v. u.

f9b Bien est deceue la fole fiance... Ebenso: d9b 9, d12b5.
a16b Moult fut relessie entendement... b16a Trop ne pourroies detester... h5b Asses le peut on noter...

Die stellung eines adverbs zwischen subject und verb (s. a. v.) kommt fast nur im relativsatz vor, wenn das relativpronomen subject ist. In gleicher weise finden sich an dieser stelle adverbien des orts, der zeit und der modalität.

g10b... elle qui leans auoit este nourrie... g4b Et affin que tu congnoisses mieulx la court qui ores court, je la... i4b... plaine d'amere repentance qui tart leur vient. h2b... a ceulx qui vertueusement se portoient... i4a... qui moult puissamment ont este deffendues. d10b... qui trop se fient a leur bonne fortune...

Für einschiebung eines adverbs zwischen verb und substantivisches oder personalpronominales subject finden sich nur wenige beispiele:

i6b Le scauoir raisonnablement croist... G. IV, 572D. Sy ay repondu pourquoy un Theologien icy parle. — G. III,1583A. elle adoncques est ditte soy departir et separer de Dieu...

Zuweilen schliessen sich adverbien unmittelbar an das dem subject vorausgehende verbum an:

a14a Par la entrerent incontinent trois dames et... f2b... et a luy demeure eternellement la constante permanence... h12a En pareil cas le monstra bien le saige Rommain...

Vgl. auch trennung des subj. p. 15.

Geht das subject voraus und nimmt das adverb seine stelle hinter dem verb, die ihm als nähere bestimmung desselben zukommt, ein, so fragt es sich, wie es sich zu anderen, ebenfalls vom verb abhängigen gliedern, wenn solche vorhanden sind, stellt. Schlickum (p. 26) stellt für „Aucassin et Nicolette" die regel auf, dass ein eigentliches adverb niemals durch object oder prädicativ vom verb getrennt werden könne. Für unsere texte trifft diese regel nur zum teil zu; nämlich sie gilt für die orts- und zeitadverbien und für diejenigen der quantität und des grades.

c11a Or remirons yci la merueille des euures diuines.

i3b... et as respendu partout le venim et la poison...

Eine ausnahme macht das adverb sus in dem satze:

i1a ... qui son chien veult tuer et pour couleur de son fait luy met la rage sus.

Wo es sonst noch vorkommt steht es beim verbum. —
f10a Et ce premier statut departit pieca l'eglise grecque ... i1b Car noz paroles que ..., signifioient deslors le meschief ... i3a Et tu en voiz encores les enseignes ... e8a Car il fut depuis victorien ... —
g2b Mais nul homme ne prise assez les aises ... b13a ... l'odre dont ilz couuoitent et prisent tant l'esmolument. d3b Aincoys queroit plus leur repos que le sien ...

In dem letzteren falle, wenn dem plus ein que entspricht, kann es auch mit diesem zusammengerückt und vom verb getrennt werden z. b.

g3b ... ensuiuons les noms des offices plus que les droiz. c8b ... et aneantissez vos euures par voz debas et enuies plus que par les glaiues ...

Freier sind die modaladverbien auf -ment: diese können den übrigen ergänzungen vorangehen oder folgen.

Voranstellung: h10a ... chascun bailloit liberalement le sien. G. III, 1589B. Car souvent il procure et fait que l'homme acquiert injustement aucune chose ... g8b Naguaires me trouuay soudainement esueille.

Nachstellung: b15a ... de ceulx qui s'en attribuent l'onneur et la seigneurie arrogamment. f3b Ainsi il congnoistroit les choses possibles doubteusement et les choses ... G. III, 1590D. Il pert et occit son ame espirituelment.

Über die stellung der adverbien beim zusammentreffen mit adverbialen bestimmungen cf. p. 40. Sind keine anderen ergänzungen des verbs vorhanden, oder gehen diese voraus, so können alle arten von adverbien an das ende des satzes treten:

i3b ... dont tu parles cy deuant. g2a ... il fauldra qu'il veille tart et qu'il se lieue bien matin et qu'il ... i9a ... en disant que ainsi a il este tousjours. h12b ... et fut vaincu et mort miserablement. f5b Car nul octroy ne fait liberalement s'il est demande nonchalamment. c11b ... et se retira ung petit. f10b Et la determination doubteuse la preuue assez.

Bei den zusammengesetzten formen des zeitworts treten die adverbien gern zwischen hilfsverb und particip (cf. auch prädicativ des subj. p. 28 f. und präd. des obj. p. 31. f.).

> g7b ... ainsi que la monarchie du monde fut jadis translatee ... G. III, 1596 C. ... par quoy eulx et leurs povres enffans sont souvent livrez à doleurs ... — h12b mais il fut honteusement vaincu et eust perdu ... i1a ... que j'ay loyaulment soustenuz ... — d16b et luy qui estoit bien pourueu ... h9b quant pour ..., nous auons tant ale d'ung en aultre que ... g10b Or fut moult fort greuee de si long traueil ... i11a ... si non qu'elle est ainsi dicte par similitude.

Über die stellung des adverbs zu verbum finitum und infinitiv cf. zweiten teil.

Nachdem wir bisher die verschiedenen klassen von adverbien neben einander in ihren verschiedenen stellungen im satze betrachtet haben, gehen wir zu einer gesonderten behandlung der adverbien der **negation**, welche ausgeschlossen blieben, über.

Die partikel **ne**, welche ohne adverbiale ergänzung die negation ausdrücken kann, geht wie im alt- und neufranzösischen dem verb unmittelbar, d. h. höchstens durch tonlose pronomina getrennt, voraus.

> e4b A exemple ne peus tu faillir, se tu ...

Als negationscomplemente finden wir: **ja, jamais, oncques, guieres, riens (plus riens), point, pas, mie**.

Ja und **jamais** treten gern an den anfang in haupt- und nebensatz:

> c4b Ja pour tellez legieretez de parler et faulte d'entendre ne sera faulcee la sentence ... Ebenso: d3b9 v. u. e7a4 v. u. g2a car jamais ne scet troter ... g1a ... sont telz que jamais homme n'y est souffert ... Ebenso: G. III, 1594 D, a14b15 etc.

Folgen sie nach, so schliessen sie sich an die begrenzte zeitform an:

> f12b ... que les cours des haulx princes ne sont jamais desgarnies de ... f10b ... qu'il n'en seuffre ja aduenir ...

Ebenso verhält sich **oncques**:
> l1a Mais oncques ne fut veue... Ebenso: e12b7, h12b3.
> h7b et n'a oncques cesse, jusques a ce que... G. III, 1592 C.
> Ceste verité ne peut oncques cognoistre Platon...

Pas und **point** gehen selten mit nachdruck voran, **mie** folgt dem verb immer:
> i8a Et en ce pas ne me vueil je trop auant bouter. a14b ... qui point ne chome. — h4b ... ce que n'ay mie. G. III, 1583 B. ... qu'elle n'est mye bien à soy...

Dass personalpronominales subject im falle der inversion zwischen verb und negationsergänzung tritt, ist selbstverständlich, da es nie vom verb getrennt werden kann. Aber auch ein substantivisches subject kann an dieser stelle eingeschoben werden, wie der folgende satz beweist:
> e12b Si n'ensuit dieu pas tes oroisons ne ton appetit, mais...

Auch **riens** kann dem verb vorangehen oder folgen und steht im letzteren falle meist (cf. unten) bei der begrenzten zeitform:
> G. III, 1592 A. Aucuns, comme saint Jehan l'Evangeliste, ont beu venins et riens ne leur a nuyt. g12b Pensez que riens ne suffist vouloir le salut... h10a19 etc.
> i1a ... ou elle n'a riens. c2b Or n'y pouez riens prendre... g2a16, h4a8 v. u.

Treffen **riens** und **plus** zusammen, so steht **plus** vor **riens**:
> g1a ... elle ne leur doit plus riens, sinon ...

Bei verbum finitum und infinitiv steht **plus** unmittelbar hinter dem ersteren, während **riens** dem letzteren vorangehen oder folgen kann:
> c10b ... oultre lequel ne fault plus riens chercher ne querir.
> f7a Du nouueau testament ne te vueil plus exemplifier riens.

Guieres zeigt die doppelte stellung:
> i3b De ton erreur et des ... ne te peulx tu guieres excuser ... i3a ... dònt a moy guieres n'affiert d'en respondre.

B. Stellung der adverbialen Bestimmung.

Das gebiet der adverbialen bestimmungen ist dasjenige, auf

welchem selbst das neufranzösische keine festen regeln entwickelt hat; so lässt sich schon von vornherein erwarten, dass die ältere sprache in dieser beziehung eine sehr grosse freiheit geniesst. Wir finden denn auch in unseren denkmälern, wie sonst im altfranzösischen, die grösste mannigfaltigkeit in der stellung dieser satzglieder.

Dass adverbiale bestimmungen, wie die adverbien, gern den satz einleiten, zeigen schon die vielen fälle der inversion des subjectes nach denselben:

> d2b. En luy trouuons nous les drois dons ... c7b De ceste parla Dauid qui ... 14b Apres saint Loys fut roy de France Phelippe ... etc. cf. inv. des subj. p. 16.

Auch am anfang von sätzen, deren subject nicht invertirt oder gar nicht ausgedrückt ist, stehen sie oft:

> c10b En esperance doncques nous attendons ce que par foy nous croions. c12a Car sans toy la vie de l'omme est comme ymage ... a4b A l'aproucher sans mot dire m'enueloppa soubdainement entre ses bras ... g7a En hault pouoir met commencement, moyen et fin en toutes ses euures ... a14a Par telles paroles me admonnestoit en gros ...

In conjunctionalen nebensätzen stehen adverbiale bestimmungen häufig an der spitze d. h. hinter der conjunction:

> c10b ... puis que es choses de ca jus ne s'arreste esperance ... i5b ... chascun scet que en ce roiaulme sont gens de hault sens ... a13b ... que en seursault il se leua ... a14a ... comme a garde de malade affiert. f12b ... affermer que entre le bruit de ceulx qui y tournoient y ait chose ...

Der conjunction vorausgestellt ist sie in dem satz:

> g8a Et entre aucunes escriptures comme je leusse le tiers chapitre d'Jsaye, le cueur ...

Zwischen subject und verb eingeschoben finden wir die adverbiale bestimmung, wie das einfache adverb, namentlich, wenn das subject ein relativpronomen ist:

> G. IV, 576C. .. qui dedans vostre Eglise se celebroit. a14a ... comme prisonnier qui d'une trouble chartre vient soudainement a la lueur du soleil. a15b ... qui vers elle retournent. g9a ... ses blons cheueux qui a fin or resembloient de couleur ... h7a ... qui depuis xxx ans jusques a l'entree des guerres a dure en ce royaulme.

Weitere beispiele haben wir p. 16 bei der trennung des subjectes vom verb gegeben; auch der fall, dass das subject nicht relativpronomen ist, ist dort bereits erwähnt. Für diese erscheinung, welche die prosa des XIII. jahrhunderts vermied (cf. Krüger p. 53), nur noch einige beispiele:

> a8b Quant celle plus par ire que par raison fut fort esmeue a parler, la parolle de echaufoison et de felonnie luy faillit, mais non pas la volente ... g8b ... la perte des princes et cheuallerie, dont dieu par maleureuse bataille a laisse ce royaulme desgarni. G. IV, 670C. Car leur office à ce les oblige par le dit de Jesus Christ. — d11a ... elle par affection le donna aux ... g12a et vous soubz l'ombre et le nom d'amis et defenseurs paracheuez ma perte et ...

Zwischen verbum und invertirtem subject:

> c7b ... lors quant entre les effors des forains ennemis se engendrent es royaulmes discordes ciuiles et que... b8a O, quelle resplandissant clarte espar(t) sur son regne uug vertueux roy catholique etc. cf. auch p. 15.

Adverbiale bestimmungen treten oft zwischen hilfsverb und particip:

> a7b ... mais l'amitie t'est a toy seul demouree. d10b Puis, apres ... fut il en Thesalle succombe et mort ... a8a ... fors qu'il fut par Anthoine descapite felonneusement. — g8a ... et des nostres qu'il a vers soy attraiz ... i8a et des offences qui les ont a telz meschiefz asseruiz. cf. auch p. 28 und p. 31.

Über die stellung der adverbialen bestimmungen zu verbum finitum und infinitiv wird im zweiten teil gehandelt.

Trennung des objectes vom verbum durch adverbiale bestimmungen ist nicht selten. Sie tritt um so eher ein, je einfacher die adverbiale bestimmung und je umfangreicher das object ist, besonders wenn es durch einen ganzen satz oder eine attributive bestimmung erweitert wird:

> h12b ... que le peuple ... esleua en dictature et comme son compaignon Minucius, le maistre des gens de cheual. c11a ... et mettent en trouble et en discention sur soy mesmes la pensee ou ilz habitent.

Doch lässt sich auch das gegenteil belegen, dass der vom object abhängige relativsatz durch die adverbiale bestimmung von seinem beziehungswort getrennt wird:

> h3a ... qui soubzmisdrent grant partie de Grece en leur subjection, laquelle de leur nom s'appelle encores Galgogrecie ...
> d13b ... que le saint esperit ... lui reuelast les menconges de par dieu qu'il preschoit au peuple par art dyabolicque.

Ist das object nicht erweitert, so können trotzdem adverbiale bestimmungen vor dasselbe treten:

> i9a ... que la vertu de liberalite, qui ..., n'ait tousjours vers le prince son effect. d6b Or garde que tu ne preignes ou lieu de la potence le baston pointu et que ... c1b ... a ceulx qui mettent en nonchaloir sa doctrine et mesprisent ...

Daneben:

> b14a Tu prenoies bien ceste abusion en esperit, quant ...

Wir sehen also, dass in diesem punkte grosse willkür herrschte und es dem geschmacke überlassen blieb, die eine oder andere stellung zu wählen. Ähnlich verhält es sich, wenn mit dem accusativ ein dativ zusammentrifft. Derselbe tritt zwar meist nur zwischen verb und object, wenn dieses von grösserem umfang ist, aber auch das gegenteil ist zu finden:

> i9b ... qui voluntairement ont voulu perdre la vie pour recouurer a la chose publicque sa prosperite. i9b ... et par sa mort acquist a son peuple victoire et a sa cite seurte de ses ennemis.

In dem letzten beispiel kann auch parallele stellung mit dem zweiten, längeren objecte beabsichtigt sein.

Von dem dativ hängt ein relativsatz ab, und trotzdem geht er voraus in dem beispiel:

> d15b Tu as donne aux hommes inclination a luxure qui plus eussent mestier de loy ...

Bei der freiheit der stellung, welche in dieser zeit auch das object noch geniesst, wird das zusammentreffen des accusativs mit dem dativ oder anderen adverbialen bestimmungen oft durch das dazwischentreten des verbs vermieden: h3b12, h9a5 v. u. etc.

Der präpositionale infinitiv hat noch im neufranzösischen ziemliche freiheit der stellung und kann wenn er kein besonderes beziehungswort hat, jede stelle im satz einnehmen (cf. Mätzner § 507 f.). So auch füher:

> d2b ... que a dire vray tout son euure semble estre ...

Aber auch, wenn er ein beziehungswort hat, kann er vorangestellt werden, wie bei Joinville (cf. Marx p. 355):

> c5a Et aussi par iceulx scauoir vient on a liberte ... h8b ... et dont plusieurs, pour se mettre en point de bien seruir, ont leurs terres vendues et engaigees et apres ...
> poés. A11b Dit celluy qui dormir vouloit
> Et a dormir auoit apris
> Et de parler ne luy chaloit,
> Car de sommeil estoit espris ...

Am häufigsten treten aber die adverbialen bestimmungen an das ende des satzes. —

Über die aufeinanderfolge mehrerer zusammentreffender adverbien und adverbialer bestimmungen lassen sich nur wenig bestimmte regeln aufstellen.

Einfache adverbien gehen meist den adverbialen bestimmungen voraus:

> c11b ... et se retirerent arriere en l'ombre de la courtine du lit. e9a ... et les Dennois entrerent pieca en France.

Nur adverbien auf -m e n t, welche, wie wir früher sahen, freier als andere adverbien in ihrer stellung sind, treten zuweilen hinter kurze präpositionale glieder:

> i4b ... qui estriuoient ensemble par parolles mordans tres-haineusement. f2b Dieu juge de toy diuinement, qui est ...

Daneben: f2a et toute perfection est en luy et procede originelement de luy.

Kürzere adverbiale bestimmungen gehen gewöhnlich den längeren voraus:

> b13b ... ou que la simple pourete de la dicte eglise ne fust foulee trop de legier par temporelle puissance ou desdaigneuse disette. d4b ... viuoient par louenges es memoires des hommes et es lectures des hystoires. d12a ... et la foy chrestienne triumphe en cest endroit glorieusement sur leur fole creance. h8a ... les punitions qui pour ... vindrent sur eulx ou temps de Moyse et de Aaron ... i4b ... et sommes persecutez de diuisoin dedans et dehors sans ceste nouuelle tencon esmouuoir ... etc.

Die von Mätzner (§ 518ff.) für das neufranzösische aufgestellten regeln finden durch manche beispiele bestätigung; andere zeigen das gegenteil. Da diese regeln aber selbst für das neufranzösische durchaus nicht bindend sind, so können wir darauf verzichten, weitere beispiele aus einer zeit anzuführen, wo die sprache noch in vielen beziehungen die volle freiheit des altfranzösischen besass.

Zweiter Teil.
Stellung der von einem Infinitiv abhängigen Satzglieder.

I. Stellung des Objectes zu Verbum finitum und Infinitiv.

A. Nominales Object.
a. Beim reinen Infinitiv.

Von den überhaupt möglichen sechs combinationen von verbum finitum, infinitiv und object kommen drei in wegfall, nämlich die mit invertirtem infinitiv, da von diesem in den vorkommenden fällen kein nominales object abhängt. Es bleiben also folgende drei stellungen zu betrachten: 1. verb, infinitiv, object, 2. verb, object, infinitiv, 3. object, verb, infinitiv.

Die neufranzösische stellung: verb, infinitiv, object ist, wie auch bei Joinville, in unseren texten die am häufigsten vorkommende.

c11b Si ne peurent deffiance et desesperance plus endurer celle delicieuse santeur . . . h6b . . . quant tu ne scez souffrir l'aise de paix et si ne peus soustenir la durete de la guerre.

Adverbien und adverbiale bestimmungen können zwischen infinitiv und object treten:

a16a . . . si que on y pouuoit lire clerement les aliances . . .
h11b . . . comme ceulx qui pou doubtent mettre en aduanture sans raison et ordre la noblesse et le royaulme,

Eine erweiterung des objectes durch einen relativsatz bedingt nicht immer die nachstellung desselben, wie z. b. in dem satze:

> h3a D'aultre part je veuz monstrer les raisons qui doiuent vos couraiges enflammer,

sondern es kann auch die zweite stellung: verb, object, infinitiv eintreten:

> i6a ... leur capacite ne pourroit les regars particuliers et cautelles ingenieuses qui affierent a si hault euure bien conduire ne comprendre.

Auch wenn das object einen attributiven genitiv bei sich hat, finden wir es eingeschoben:

> a10a Ou il fault toutes les oeuures du temps present renuerser, ou ... G. III, 1582A..., ainsi ... nous pouvons l'amertume de nos pechiés convertir en doulceur.

Doch ist dies nicht häufig; fast immer ist das zwischengestellte object einfach:

> b5b ... quant tu sauras tes deffaultes juger et tes offences apparceuoir. a14a Car la petite vertu de la veue ... ne pouuoit si grant resplandisseur soustenir. d11b ... ains que les empereurs voulsissent le nom chrestien receuoir. i12a ... ne vouldroient armes porter soubz autruy. G.III,1594C. ... qui veullent cecy faire. Ebenso: i2a3, i8a12, i10a28 etc.

Ein zum infinitiv gehöriges adverb kann es von demselben trennen:

> l3b Je ne vueil voz excusacions et deffences plus longuement escouter.

Bei zwei, von demselben verbum finitum abhängigen, coordinirten infinitiven oder auch in zwei unmittelbar aufeinanderfolgenden sätzen finden wir öfters beide soeben besprochenen stellungen abwechselnd, wodurch eine rhetorische wirkung erzielt wird.

> c4a Las, qui pourroit dire plus grant folie ne plus perilleux erreur multiplier. G. IV, 669A. ... mais seulement je vueil publier nuement la verité et la fausseté reprouver. b1b Crois tu que ma vertu puisse toutes temptacions seurmonter et vaincre les mondaines passions et echapper ... — h3a D'aultre part je veuz monstrer les raisons qui doiuent vos couraiges enflammer.

Bei der dritten stellung: object, verb, infinitiv sehen wir natürlich davon ab, dass das object interrogativ- oder relativpronomen ist, da diese, wie auch im neufranzösischen, stets vorangehen. Die zahl der sätze, welche diese stellung zeigen, ist gering. Das object steht meist unmittelbar vor dem verbum finitum:

>d5a Ung doubte te vueil je bien desnouer ... g11a Ce vous puis je mettre au deuant toute autre chose. i1a ... qui son chien veult tuer ...,

doch kann es auch ergänzungen bei sich haben, die es von demselben trennen:

>h3a ... quant la terre sur quoy vous habites et qui vous soustient et donne pasture, ne poues pas secourir ne deffendre. Ebenso c2a4 v. u.

Weitere beispiele für voranstellung des objectes cf. p. 6.

b. Beim präpositionalen Infinitiv.

Die neufranzösische stellung: verb, präposition, infinitiv, object kommt zwar im XIII. jahrhundert bereits vor, aber die eigentlich altfranzösische ist: verb, präposition, object, infinitiv (cf. Krüger p. 23. Schlickum p. 31). Über den gebrauch bei Joinville cf. Marx p. 355. In unseren texten überwiegt die moderne stellung.

>a16b Si se print a reuerer foy ... par ce nouueau mettre.
>b11a ... qu'il attent longuement a flageller les mauluais ...
>b13a ... mais se hontoient de vestir l'abit et de garder l'estat de leur profession. b7b ... le flael que dieu appareilla pour amatir son peuple d'Israel.

Trennung findet zuweilen statt:

>b2b Assez te doit souffire ceste preuue a congnoistre ... et a esperer par la vigueur de mes armes victoire ... G. IV, 578 C. ..., il commença à faire de necessité vertu, regracia...

Seltener ist die reihenfolge: verb, präposition, object, infinitiv, welche bei Froisart noch „sehr oft" vorkommt (cf. Ebeling p. 356).

>b4a ... ne ta veue ne pourroit souffire a si grant lumiere soustenir. i4a ... ou ceulx qui faillent a leurs gardes deffendre, ou ceulx ... f9a ... qui d'entiere pensee s'offre et soubzmet a ses commandemens executer de son pouoir. b12b ... comme tu ayes defendu d'y main mettre ...

Mehrere objecte zeigt an dieser stelle der satz:

>G. III, 1597B. Si la saluerons pour grace et vertus et joye enpetrer, afin qu'elle ...

Wie beim reinen infinitiv finden wir auch hier kreuzstellung:

> b3a Car ce corps est ung heberge ... et est baille a exercer ta vertu et ta constance esprouuer.

Der fall, dass das object der präposition vorausgeht (also: v. o. p. i), welcher noch bei Joinville und Froissart öfter vorkommt, ist in unserer zeit ganz selten:

> h2a Semiramis de Babilloine laissa bien a moictie ses cheueux a peigner, quant ... c10a Le premier ... me donne a present moins de pois a porter de tant que ...

Ebenso die stellung: object, verb, präposition, infinitiv:

> b5a L'ung et l'aultre fait bien a remembrer. h12a Telle euure auons nous a mener.

Hängt vom verbum finitum ein reiner infinitiv ab und von diesem wieder ein präpositionaler, so kann das object des letzteren vor den ersten treten:

> i7a ..., aussi deuons nous les infortunes et malesmeschances de son aduersite aider a soustenir.

B. Personalpronominales Object.

a. Beim reinen Infinitiv.

Im XIII. jahrhundert (cf. Krüger p. 19, Schlickum p. 30), bei Joinville (cf. Marx p. 328) und in der regel auch bei Froisart (cf. Ebeling p. 357) geht das tonlose personalpronominale object, welches nach neufranzösischer auffassung zum infinitiv gehört, dem verbum finitum voraus. Auch in unseren texten ist dies meist der fall:

> f9b ... quant vous me cuideres appaisier par voz sacrifices. h7a Or le te fault a present regracier et louer ... l9a et auant qu'ilz s'en vouldrent retourner, ilz ... e9b ... l'enfant qui se vient rendre soubz la verge du pere. g11b ... il vous fault dire que nul labeur ne vous doit estre grief. G. III, 1587C ... je la peux fonder ... G. III, 1694B. ... qui bien s'y veult congnoistre. etc.

Diese stelle behauptet es auch, wenn der infinitiv invertirt wird, z. b.

> i2a Et se monstrer le fault. h3b ... ne garder ne le scaues. h7b ... plus que porter n'en peuz. G. III, 1584 B. ... quant faire le pouons.

Eine zweite stelle, welche das pronominale object einnehmen

kann, ist die zwischen verbum finitum und infinitiv. In diesem falle treten die betonte form und die unbetonte, wie bei Froissart, neben einander auf.

>f2b Mais tu ne peus pas toy mesmes le congnoistre... d6a ... que es choses mondaines on ne puist s'attendre. G. III, 1586 C. ... ne doit pour le temps de ceste mortel vie se desesperer de...
>
>a6b Se tu n'as peu en temps d'abundance toy garnir... h12b Or cuida Minucius, pour assouuir le vouloir du peuple, soy combatre contre Hanibal. e2b ... que dieu pardurable ait voulu soy faire homme...

Tobler (Göttinger gelehrte anzeigen 1875 p. 1069 ff.) erwähnt den einzigen fall, wo auch im altfranzösischen das personalpronominale object nicht zum verbum finitum tritt, nämlich: wenn es zum zweiten von zwei coordinirten infinitiven gehört, tritt es in der schweren form vor diesen. Dies findet sich bei Chartier durch einige beispiele bestätigt:

>c2a ... que ilz ont voulu viure comme galans ... et soy vestir comme jongleurs... c12a Et encores ne te peuent desauouer ne soy deffier de toy ceulx qui...

Dagegen finden wir bei Gerson ein beispiel der leichten form:

>IV, 660D. Si devés bien, Sire, reconnoistre la grace de Dieu et le bien loer, magnifier et regracier...

b. Beim präpositionalen Infinitiv.

Wie beim reinen, so tritt auch bei dem präpositionalen infinitiv im altfranzösischen das pronominale object in der leichten form vor das verbum finitum. Wir finden für diesen gebrauch in unserer zeit nicht viele beispiele mehr:

>g10b ... les print a reprendre de leur oyseuse laschete... i1b ... si que ambicion d'estats, couuoitise d'auoir et... vous commencerent a mener a la confusion... a6a Or me commenca icelle a raisonner. (In der späteren ausgabe: à arraisonner.) G. IV, 659A. Et pardonner à son ennemi qui le quiert de fait à destruire, ce n'est...

Ferner ist im altfranzösischen regel (Tobler p. 1068), dass zum infinitiv die betonte form des personalpronomens tritt. Diese ist in unseren texten sehr häufig, daneben stehen aber auch schon leichte formen zwischen präposition und infinitiv (wie auch bei Froissart cf. Ebeling p. 326).

> e7b ... qu'ilz apprennent de leurs ennemis a eulx defendre. c6a Et se il delaie a soy apaisier, plus delaiez vous a vous repentir. G. III, 1587 B. ... qui peuent bien attendre à eulx convertir jusques en ... G. III, 1593 A. ... que ton entendement est plus obscur à congnoistre Dieu et à luy regarder que ... f12a ... et veulx saillir du haure et seurete pour toy noyer dedens la mer. h4b ... les champs n'ont plus de franchise pour moy administrer seure demeure.
> Daneben: a15a ... n'a pas voulu ta creacion pour te veoir perir, mais pour toy aider ... g6a ... et aprent (aprens?) a t'en contenter ... b11a ... quant il est bien dispose a le receuoir. G. IV, 573 C. ... lesquels j'ay mis en ordre pour les mieulx entendre ... g11a ... que le corps tend a y retourner ...

c. Wird das regierende verb durch ein fragewort mit dem infinitiv verbunden, so tritt das personalpronominale object zum infinitiv und zwar in der leichten form. Noch bei Froissart konnte das pronomen vor dem verbum finitum stehen.

> c8b ... et ne scet a quoy s'affermer. h4b ... je n'ay plus de quoy les cultiuer. i8b ... asses y a gens et besongnes ou l'emploier.

II. Stellung der prädicativen Bestimmung zu Verbum finitum und Infinitiv.

A. Prädicativ des Subjectes.

Das zum infinitiv gehörige prädicativ des subjectes folgt demselben in der regel nach. Es kann substantiv, adjectiv oder particip sein:

> c5b Telz princes ont voulu viure seigneurs des hommes et subgetz des vices. g11b ... que nul labeur ne vous doit estre grief. b1b ... vouldroie bien estre par toy plus conferme. h3b ... que bien sembloit soy sentir d'eulx injuriee et mescongneue.

Trennung ist gestattet, wie die beispiele zeigen.

Ausserdem findet sich das prädicativ des subjectes noch den satz einleitend und inversion bewirkend:

> i7b Tel doit estre le guerdon ... So auch: g12a10 v. u.

B. Prädicativ des Objectes.

Ist das object personalpronomen, so geht dieses dem verbum finitum voraus, während das prädicativ hinter den infinitiv tritt:

> c1b ... et ne le poues souffrir juste et droicturier. d10b... et la commanda aourer comme dieu.

Nominales object folgt dem infinitiv entweder unmittelbar, so dass es das prädicativ von demselben trennt:

> c7b Tiercement peut on apparceuoir le glaiue de dieu leue sur ... d12a Se tu as voulu faire les hommes dieux ... h11a A dieu nous rapportons d'auoir nos consciences excusees,

oder das prädicativ steht zwischen infinitiv und object:

> l7a ... sans en vouloir recongnoistre a souuerain le roy de France. g9b ... assez pouoit on veoir pourtraictes et entremeslees plusieurs bestes, plantes, fruitz et semences ...

Die erste der beiden stellungen ist die häufigere.

III. Stellung des Adverbials zu Verbum finitum und Infinitiv.

a. Beim reinen Infinitiv.

Drei der sechs möglichen stellungen von verb, infinitiv und adverbiale kommen fast nicht in betracht, nämlich 1. infinitiv, verb, adverb, 2. infinitiv adverb, verb, 3. adverb, infinitiv verb, da bei den ohnehin nicht zahlreichen fällen der inversion des infinitivs selten eine adverbiale bestimmung vorkommt. Der invertirte infinitiv steht gewöhnlich an der spitze des satzes und wird vom regierenden verbum möglichst wenig entfernt; so finden wir denn auch nur die stellung: infinitiv, verb, adverbiale.

> h8b ... et puisque parler en fault si auant ... g6b ... qui commander souloient par auctorite.

Die drei übrigen stellungen sind häufig.

1. Verb, Infinitiv; Adverbiale.

Dem infinitiv nachgestellt finden wir besonders präpositionales adverbiale:

>h4a Ils me deussent garder des ennemis . . . d15b Falloit il resueiller a haulx cris de nuyt les endormis . . . d1b . . . ce que tu ne peus auoir sans luy. Ebenso: b11b5 v. u., b10a10 etc.,

seltener einfaches adverb: diese sind meist umfangreichere modaladverbien auf -ment.

>a16a . . . si que on y pouoit lire clerement les aliances . . . g3b . . . ce que nous n'oserons demander induement. G. III, 1586C. . . . que nous voudrons a luy retourner humblement et devotement. — g2a S'il veult coucher tost et leuer tart, il fauldra . . . a6b . . . et se fait oyr dehors par publicques euures . . .

Umso häufiger ist einfaches adverb in den beiden anderen stellungen zu finden.

2. Verb, Adverbiale, Infinitiv.

>g4b . . . je la veulx ycy descrire et diffinir. d12a Car par . . . le pouyez lors veoir et ouyr . . . a9a Cuides tu ainsi eschaper a fortune? d15a . . . que nulle loy ne peut asses refraindre.

Besonders oft wiederum die adverbien auf -ment:

>G. III, 1582B. et ceci nous ne pourrons ainsi legierment faire. c10a Et sil ne doit indignement soustenir la peine qui . . . b13a Tant perilleux vicariat ne se doit si hardiement demander. c4b24, h4a4 v. u. etc.

Daneben auch präpositionales adverbiale:

>b8a Et par icelles . . . pouons de sa justice jugier . . . i2b . . . ce qu'ilz n'eussent ose sur les ennemis calengier.

Auch hier finden wir in rhetorischer absicht den wechsel beider stellungen:

>e1a pour ce que . . . affiert attraire par doulceur non pas par rigueur fortraire. Ähnlich g11b20.

Wenn ein vom infinitiv abhängiges object noch zwischen verbum finitum und infinitiv tritt, so kann es dem adverbiale vorangehen oder folgen:

G. IV, 673B. Vueilles ce dit Traittié perseveramment et constamment maintenir sans ... c10b Vray est que nous pouons ca jus aucunes choses esperer.

3. Adverbiale, Verb, Infinitiv.

Adverbien wie präpositionale adverbialia, welche zum infinitiv gehören, leiten oft den satz ein:

b2b Assez te doit souffire ceste preuue ... g12a ... que ainsi me couuient plaindre ... c2b Aultrement en voulez user.

g9b De sa vesture ne me puis je pas passer ne taire ... c12a Car en plus grant necessite ne me peut ta vertu secourir que ... d6a Je ne dy pas que es choses mondaines on ne puist s'attendre par esperance relatiue.

b. Beim präpositionalen Infinitiv.

Adverbiale bestimmungen treten in der regel hinter den präpositionalen infinitiv:

f11b ... que tu desirez de seruir en la cour royal. g10b ... les print a reprendre de leur oyseuse laschete par paroles ...

Selten findet man sie an andrer stelle z. b.

hinter dem verbum finitum:

g4b ... qui ont de nous a faire. i2b ... et puis reprint en ceste maniere a parler.

zwischen präposition und infinitiv:

c9b Celle l'esmeut a de rechief former nouuelle demande.

vor dem verbum finitum:

a8b Et lors la premiere descripte, apres ce qu'elle ..., a voix tremblant et bassette print a dire ainsy ...

Für die einfachen adverbien ist die überwiegende stellung diejenige zwischen präposition und infinitiv. Diese einschiebung, welche im altfranzösischen nicht gestattet war (cf. Morf. p. 286), findet im neufranzösischen nur bei einer beschränkten anzahl von adverbien statt (cf. Mätzner § 509). Wir finden, dass zur zeit unserer denkmäler in dieser beziehung grosse freiheit herrschte.

c1a ... combien que ... aient humble ma pensee a bien sentir la ... d2b Tant de fois se admonnestoit Dauid a longuement attendre ... g1a ... tu te efforceras de plus

auant monter ... G. IV, 573B. Eslevés ... les yeux de vostre pensee et les tournés à parfundement considerer et adviser, comment ... l5b ... sans cy plus les declairer. i11b ... de tost ou tard venir.
Daneben auch nachstellung:
d7b ... leur fol sens les tire a ignorer perilleusement. f7b Car perfection attrait l'omme a la querir ordonneement.

Dritter Teil.

Die Stellung des Attributs zu seinem Bestimmungswort.

I. Stellung des Artikels.

Der artikel geht dem substantiv und dessen attributiven bestimmungen voraus:
b4a la parfaicte bonte. a14a des trois dames.

Das attributive adjectiv kann ein adverb bei sich haben:
d15a les trop estrois mandemens. G. IV, 660A. un bien notable homme.

Auch zwischen artikel und substantivisch gebrauchtem adjectiv und particip kann ein adverb stehen:
G. III, 1590B. les bien anciens. g3b les bien vestus.

Nur tout geht dem artikel voraus:
f1a toutes les diuerses sentes ... b2b tout le monde.

Der artikel steht zwischen eigennamen und adjectiv (Diez p. 456).
e9a saint Martin le bel. g1a Fortune la variable.

Es herrscht also, wie bei Joinville, der moderne gebrauch des artikels.

II. Stellung des attributiven Pronomens.

Das demonstrative pronomen geht dem substantiv und dessen attributiven bestimmungen wie der artikel voraus. Die schwere und leichte form wird promiscue gebraucht.

>c2a ceulx princes. b2a celluy dieu. a5a ceste vieille. a5b a celle heure. — b2b celle haulte infinite. b1b ces trois puissances. e12b ceste tienne sentence.

Tout geht voran: f6a toutes celles gens.

Das possessive pronomen verhält sich wie das demonstrative. Es geht in schwerer und leichter form voran. Der schweren form geht der artikel oder ein demonstrativpronomen voraus.

>a4b mon cueur. d3b de leur petite foy. a4b tous mes douloureux regretz.
>
>e11b les tiens appetiz. e6b par un sien souldoier. h5b la nostre police francoise. c12b de cestui nostre royaulme e12b ceste tienne sentence.

Auffallend ist: e5a Alchins et aultres ses complices.

Das attributive interrogativpronomen steht vor dem substantiv, von dem es durch attributives adjectiv getrennt werden kann:

>a6a Quel conseil penses tu prendre ... ou quelle folie te meut ...? a9a Ou iras tu doncques ne quel seur et agreable retrait as tu aduise?

Das relative pronomen geht seinem substantiv voran:

>d2a ... qu'il fut a Noe. Lequel Noe monstra*) ... e2a Pour laquelle opinion, qui ..., Socrates fut condamne ... l6a ... apres toutes lesquelles choses ... ung certain traittie se fist ... b14b ... le souuerain euesque de l'eglise dont le testament fut ...

Ist das beziehungswort von dont object des relativsatzes, so tritt zwischen beide, wie im neufranzösichen, subject und verb. Wir finden ausserdem adverbiale bestimmungen, sogar einen ganzen satz eingeschoben:

>a8a ... les Atheniens dont par tant de foiz par sa langue et par son sens il sauua la cite. b11b ... dont, s'ilz estoient perduz, le royaulme ploreroit la mort par apres.

---

*) Über die relative anknüpfung und deren zurückführung auf lateinischen einfluss cf. Gessner, Zur lehre vom französischen pronomen II p. 7.

Gerade wie dont findet sich auch duquel als attribut des subjectes des relativsatzes vorangestellt:

> a14b par le souuerain ouurier . . ., duquel la prudence veille . . . d1a C'est le palais de celluy qui te produit . . ., duquel la diuinite est partout . . . G. III, 1597 A. . . . Saint Jehan l'Evangeliste, duquel la Nativité est aujourdhuy . . .

Der alte substantivische genitiv des relativpronomens, wie bei Froissart qui statt cui geschrieben (cf. Riese p. 51), kommt noch einigemal vor. Er geht dem regierenden substantiv unmittelbar voran (cf. Diez III, 449).

> e7b . . . des anciens hommes, en qui aage le royaulme de Sicile fut tant trouble . . . b15b . . . la tache n'en demeure en l'eglise mais es ames des pecheurs qui le font ou pour qui pechie dieu le seuffre faire. b14b . . . que Jesu Christ est le souuerain euesque, dont . . . et de qui jugement nul ne pourra appeller.

Unbestimmte Pronomina.

Folgende unbestimmte pronomina gehen ihrem substantiv, und wenn dieses ein qualitatives adjectiv vor sich hat, auch diesem voran:

> maint: d2a par maintes tribulacions b10a25, c7a28.
> nul: f1b nulle plus seure oroison. b4b10 etc.
> quelque: a9b sans auoir quelque regret.
> quelconque: f3b quelconque proposicion. d16a. G. III, 1581 A. Nachgestellt: G. IV, 658 B. à venjance quelconque.
> aucun: a16a aucuns echellons.
> chascun: b14b pour chascune legiere achoison. a9b6.

Mit tout verbunden vor dem artikel:

> e2a en tous et chascuns les poins.
> tel: a14a par telles parolles. a11b en telle male meschance. a6a21, c8b16 etc.

Wie im neufranzösischen kann tel nachstehen, wenn ein modaler nebensatz darauf folgt:

> G. IV, 574 D. C'estoit . . . une perseqution telle comme vous regardés . . .
> plusieurs: a5b depuis plusieurs jours.

Nachgestellt: G. III, 572B. et on en a ja veu des signes plusieurs.

Auch für **autre** ist die voranstellung regel:
>a5b l'autre bras. a10a7, a11b26.
>h5b et autres grans affaires. e11a3, h11b5 v. u.

Nur selten finden wir eine ausnahme:
>d3b O crestien, que tu as d'auantaige... sur les creatures aultres. G. IV, 569 A. Et est l'homme pire que creature autre, s'il...

Determinative attribute stehen im neufranzösischen vor **autre**. (cf. Mätzner § 534,10); so finden wir auch in unseren texten:
>b13b aucuns autres auctorises docteurs. c8a nul autre mondain. G. IV, 662 C. en quelconque autre chose etc.

Daneben: e5a Alchins et aultres ses complices. f5a la premiere des aultres quatre (sc. demandes).

autre stets vor **tel**:
>G. III, 1584 A. à plusieurs autres telles choses. G. III, 1594 d'aultres teles merveilles etc.

Tout geht dem substantiv und allen seinen attributiven bestimmungen voraus:
>a14b de toutes creatures. d14b et toutes aultres mondaines delices. f6b de tous les dieux. c11a toutes noz attentes mondaines etc.

Die einzige ausnahme ist:
>f10a ... mais de crestiente presque toute.

Um über **tout** nicht an verschiedenen orten sprechen zu müssen, wollen wir gleich hier darüber abschliessen. Wie bei Joinville (Marx p. 324) tritt **tout** oft zum prädicativ:
>a11a Je demouray tout suspens et surpris... a5b L'autre bras auoit elle tout deliure et descouuert... c8a Brief en tous estaz les magnifiques en euures, les excellens en sauance... vous sont presque tous fortraiz l'ung puis l'autre.

Im XIII. jahrhundert lehnt sich **tout** mit vorliebe an das relativpronomen an (cf. Krüger p. 12); wie bei Joinville finden wir es bald unmittelbar hinter demselben, bald getrennt:
>f6b ... qui tous furent commencez ou conduiz par oroison.
>f7a ... qui sont confiz tous de louenge de dieu. —

Mesme wird von Joinville stets nachgestellt (cf. Marx p. 322).

Wir finden es in der bedeutung von idem dem substantiv voranstehend (cf. Diez III p. 80):

> b9a par une mesme discipline. c3b en ung mesme sang. e9a ou temps de ces mesmes persecutions.

Hinter dem personalpronomen steht mesme(s)=ipse:

> d11a lui mesmes. a13b moy mesmes.

Beim possessivpronomen, in der bedeutung proprius, geht es voran:

> f8a ... firent offerte a dieu de ses mesmes dons. h7a Tu ne te juges pas de ta mesmes coulpe.

III. Stellung des attributiven Zahlwortes.

Die cardinalzahlen haben die neufranzösische stellung (cf. Mätzner § 529).

> a11b jusques a trois cens ans. a16b les deux clez. c11b les troiz dessus escriptes fantasiez. b1b par ces trois puissances. a6a ces trois abhominables monstres.

Demi mit einem zahlwort hat ebenfalls die neufranzösische stellung:

> h6a ... perdit de sa seigneurie dix lignees et demie.

Auch die ordinalzahlen haben ihre regelmässige stelle vor dem substantiv:

> a11a la tierce espece. f7b les premiers hommes. 14b le second filz. d10b une quarte desesperable esperance.

Nachgestellt findet sich einigemal premier:

> c6a Retourne a l'interrogatoire premier. g6b... et radresse les seigneuries et les peuples par ... et restitucion de leur disposicion premiere.

Nach Mätzner halten premier etc. nachgestellt nicht den reinen zahlbegriff fest: die beiden beispiele lassen sich vielleicht auf diese weise erklären.

Dienen die ordinalzahlen zur unterscheidung von personen gleichen namens, so stehen sie nach:

> e8a Childerich tiers. e10a du roy Charles le quint.

Im allgemeinen weicht also der gebrauch von dem der modernen sprache nicht ab.

IV. Stellung des attributiven Substantivs.

Wie schon bei Joinville (cf. Marx p. 315), hat das attributive substantiv in der regel die moderne stellung, d. h. es tritt hinter sein beziehungswort. Wird das attributive verhältniss durch die präposition d e ausgedrückt, so findet sich als beziehungswort:
ein substantiv oder substantivisch gebrauchtes adjectiv:
> a6a la multitude des reprouches. g11a l'amour naturelle du pays. — b15b les coulpables de la vilennie.

ein zahlwort:
> a14a la premiere des trois dames. a5b l'un de ses bras.

ein personales, demonstratives oder unbestimmtes pronomen:
> g4b entre nous de la court. i2b ceulx du peuple. G. IV, 575 C. ceulx de Paris. h1a plusieurs de la cheualerie.

ein adverbium der quantität:
> d2a moult de generations. b16a apres tant de victoires etc.

Diese letzteren werden häufig von dem abhängigen genitiv durch das verbum getrennt, an welches sie sich gern anschliessen:
> a9b Et moins y ont de pouoir les naturelz seigneurs... c3b ... qui tant as engendre de haulx hommes. g4a qui plus preignent de plaisir... h11b Et moult y a de vaillans cheualiers... h6a Si ne me puis trop donner de merueille...

Auch eine adverbiale bestimmung kann zwischen quantitätsadverb und attributives substantiv treten:
> a6b ... qu'il n'y a plus pour toy d'attente fors pourete...

Ist das beziehungswort des attributiven substantivs kein solches adverb, so ist die trennung durch das verb oder andere satzglieder seltener:
> G. III, 1600 A. Vray est que trois manieres sont de plaisirs charnels. i10b Diuerses hystoires se pourroient produire a ce propos d'autres punitions et aspres justices, faictes par faulte... i7b Luy qui le peril commun... congnoissoit, le vouloir aussi du senat... h2b ... quant ilz le sentirent despourueu par guerre de sa bonne cheualerie. G. III, 1595 A. Notez l'istoire qui est en l'Istoire Ecclesiastique, d'un simple homme qui...

Tritt der attributive genitiv vor sein beziehungswort, so sind zwei fälle möglich: entweder er steht unmittelbar vor demselben, oder es treten satzglieder zwischen beide.

Die unmittelbare voranstellung, welche Joinville vermieden hat (cf. Marx p. 316), finden wir ziemlich oft:

> f5b Car ja soit ce que de ceste matiere les exemples partout druement sont semez ... f3a ... il a puissance infinie sur toutes choses et de toutes choses inuariable science. G. III, 1589 D. Ils pensent bien comment ils auront de l'or et de l'argent assés ...

Oft in der poetischen sprache z. b.

> c9a La est de salut la sente ...
> b4b Qui bien quiert par congnoissance
> Des jugemens l'ordonnance ... etc.

Hängt von plus ein ganzer satz ab, so kann der ebenfalls davon abhängige genitiv invertirt werden z. b.

> d6a Si peut bien chascun esperer de grace plus qu'il n'en peut desseruir et craindre de punicion plus que diuine clemence ne luy en veult donner.

Häufiger jedoch, als die unmittelbare voranstellung ist die trennung des attributiven genitivs von seinem beziehungswort. Oft tritt er an die spitze des satzes und erhält durch diese stelle einen besonderen nachdruck.

> b16a De ce eurent les Gaules experiment. f6a D'elle firent ilz preambule en toutes grans choses. f9a ... de toutes choses luy estoit faicte offerte, disme ou oblation. h4a Quant d'aultruy coulpe je porte la tresaspre penitence. i10a D'autres hystoires pourroye asses admener ... Ebenso: i8b10 v. u. i9b14 v. u., g1b12 v. u., l1a8 v. u. etc.

Im altfranzösischen kann vor persönlichen begriffen die präposition wegfallen (cf. Diez III, 140). In unseren texten ist dieser altfranzösische gebrauch schon weit beschränkter als bei Joinville: wir finden ihn nur noch einigemale bei eigennamen.

> 17b depuis le temps Charlemaigne. 18b selon la descripcion Plinius et Julius Cesar. h2b ... que c'est la lignee Sergestus et Angestus, les Saxons. G. III, 1597 D. ... que ou temps Herode, Roy de Judee ...

Wird das attributive verhältniss eines substantivs zu seinem beziehungswort durch eine andere präposition als d e ausgedrückt, so findet nie inversion statt:

>a16a un aultre liure a sept fermouers. i5a ... et pourchasser le salut de celluy (sc. hostel) a son voisin. G.IV, 571 ... paix qui est la part aux hommes de bonne voulenté. — g9b en ung pays en friche. g7a Ylion, le chastel sans per.

Ebenso: c8a23, a16a12.

Zwei attributive substantive zu einem beziehungswort:

>d4a le sault de Marcus Tursius (ausg. von 1617: Curtius) en la fosse de Rome. —

Ist das attributive substantiv apposition, so steht es vor oder nach dem beziehungswort. Über das eintreten der einen oder anderen stellung lassen sich nur in wenigen fällen feste regeln aufstellen.

Stets nachgestellt findet sich die apposition, wenn sie ein substantivirtes eigenschaftswort ist:

>g7b Ligurgus le droicturier. 14b Phelippe le long (cf. artikel p. 50).

In der regel wird die apposition nachgestellt, wenn sie eine ergänzung bei sich hat:

>f6a ... a Neptunus le dieu de la mer ... et a Eolus le dieu des vens ... i9b Codrus le roy des Atheniens. c5a11; 14, f6a22.

Daneben aber:

>15b au roy de France Phelippe de Valois. 15b par le roy de France et empereur Charlemaigne.

Während in „Aucassin et Nicolette" die nachstellung regel ist, wenn die apposition ein possessivpronomen bei sich hat (cf. Schlickum p. 37), finden wir auch ganz gewöhnlich die voranstellung:

>b6a a son filz Salomon. e6b de son propre filz Hercules. d15a a sa maistresse Venus. h3a ... occist son souuerain seigneur Richard, roy d'Angleterre. c10a a ma seur Esperance.

>Daneben: c10b a Esperance sa seur. 15b de Ysabel sa mere. 14b Loys son frere. c5b de Rommulus son predecesseur.

Im allgemeinen können gattungsnamen als apposition zu eigennamen bald vorausgehen, bald folgen. Voranstellung z. b.:

>d16a l'ange Gabriel. f6a du dieu Appolo. d15a de l'ydole Venus. b14a O, saint prophete Dauid.

Besonders titel:

c9a la royne Sabine. e10a l'empereur Otho. g3a du roy Alixandre etc.

Nachstellung z. b:

b12b Malachias le prophete. G. III, 1592 A. saint Jehan l'Evangeliste. g3a Aristote le philosophe.

Völkernamen:

a10b Turion le Rommain. h2b Sergestus et Angestus les Saxons.

Titel:

i10b Par ceste maniere fut puny Aurelius le consul, car...
d12b ... le pechie de Eraclius l'empereur qui ...

V. Stellung des attributiven Adjectivs.

Marx (p. 318) findet bei Joinville bereits die im neufranzösischen für die stellung des attributiven adjectivs massgebenden regeln beobachtet. Bei Froissart scheint noch grosse freiheit zu herrschen: Riese (p. 14) führt nur einzelne erscheinungen an, „comme il est impossible de donner des règles applicables à tous les cas". Ebeling behandelt dieses kapitel nicht. — Nach Krüger (p. 6 ff.) wird im XIII. jahrh. das qualitative adjectiv vorwiegend dem substantiv vorangestellt, was auch von Schlickum p. 40 bestätigt wird. Um diesen punkt für unsere zeit festzustellen, ist Chartier genauer untersucht worden.

Bei Chartier kommen etwa 425 verschiedene adjectiva (von den participien abgesehen) vor, welche in ihrer anwendung zwischen einmal und ca. 125mal (grant) schwanken. Da nun die am häufigsten vorkommenden adjectiva: grant, hault, saint etc. stets dem substantiv vorangehen, so würde bei einer vergleichung der gesamtzahl der voranstellungen mit derjenigen der nachstellungen die erstere weit überwiegen. Stellen wir aber nur die anzahl der stets vorangehenden adjectiva derjenigen der stets nachfolgenden gegenüber, so ergiebt sich für Chartier beinahe gleichgewicht beider stellungen: ca. 160 adjectiva gehen stets voraus, ca. 150 folgen; die übrigen können beide stellungen einnehmen. Es ist also ein, wenn auch geringes, überwiegen der voranstellung zu constatiren.

Um nun im einzelnen zu untersuchen, wie sich unsere texte in bezug auf die voran- oder nachstellung des adjectivs verhalten, werden wir den gebrauch derselben mit den von Diez (p. 449 ff.) gegebenen regeln vergleichen.

Im allgemeinen geht im neufranzösischen das adjectiv dem substantiv voraus, wenn es eine minder hervorstechende, dem begriffe des letzteren verwandte eigenschaft bezeichnet (Mätzner: wenn es im wesen des substantivs unmittelbar begründet ist). Ebenso finden wir:

> b2a les tendres vierges. l3a en paisible beneurte. h5b par cheualereuse hardiesse. G. IV, 572A. à sa benigne misericorde. g6b auecques droicturiere justice. g8a en nostre ynominieux reprouche. i2a en ces obscures tenebres. i5b la contagieuse infection etc.

Nachgestellt wird das adjectiv dagegen im neufranzösischen, wenn die eigenschaft individueller, unterscheidender art ist. Auch für diese regel finden wir beispiele, und zwar kann man den unterschied in der art der bestimmung an ein und demselben adjectiv beobachten: adjectiva, die wir oben vorangestellt fanden, wo sie eine dem substantiv inhärente eigenschaft ausdrückten, folgen nach, wenn sie unterscheidendes merkmal sind, so z. b.

> h2a des maladies contagieuses. e11b de ordonnance droicturiere. i10b de la discipline cheualereuse.

Doch ist diese letztere regel wenig befestigt; voranstellung derartiger adjectiva ist häufig, und zwar, ohne dass in diesem falle, wie im neufranzösischen, ein bedeutender nachdruck auf denselben zu liegen brauchte.

> e1b toute l'euangelique doctrine. b2a le merueilleux mistere de crestienne foy. G. III, 1585. en autres condamnables manieres. h7b tes mensongieres parolles. d8a par ceste fantastique inuencion. a8a le publicque prouffit. d6a de ceste sophistique esperance. b1b les mondaines passions etc.

Der rhytmus, im neufranzösischen von so bedeutendem einfluss auf die stellung des adjectivs, tritt in dieser zeit noch sehr zurück. Längere adjectiva stehen oft vor kürzeren substantiven, wie wir bereits an manchen der bisher angeführten beispiele beobachten können. Wir fügen noch einige hinzu:

> c6a en vergongneuse fin. f7a nulles materielles armes. i3b ton opprobrieuse voix.

Übereinstimmend mit dem neufranzösischen gehen kurze adjectiva von häufigem gebrauch und geringer individualisirender kraft dem substantiv voran. Gewöhnlich werden aufgezählt: bon, beau, digne, grant, gros, petit, jeune, mauvais, sot, vieux, vilain, long, court.

  c1b des bons peres. a12b tes meilleurs jours. b8a le beau soleil. f9a dignes prestres. a11b de la grant prosperrite. i12a pour la greigneur part. d7b le gros sentement. a14b ung petit guischet. c3b les jeunes seigneurs. h8a de tes mauuais peches. d11a selon les sottes pensees. a12b en vieille pourete. b16a et villaine mort. a6b par long usage. a5b un court mantel.

Ausserdem finden wir noch stets vorangestellt: pouure, riche, saint, juste, hault, fol, cler, doulx, vrai, droit, franc u. a.

  b1b de mon poure pouoir. e9a les riches garnemens. b7b saincte escripture. a16b des sains appostres. b5a ses justes pugnitions. b9b ung hault cedre. h9a par fole creance. i5b de clere congnoissance etc.

Nachstellung, wie:

  G. III, 1598A. c'est la Foy grande de . . . d2a l'escripture saincte. g10a en vestement long.

kommt nur ganz vereinzelt vor. —

Bei eigennamen geht, wenn der artikel steht, ein attributives adjectiv voran:

  e7b le bon Charles d'Anjou. f6a la belle Policene. a11b le vertueux Chaton. 12b du vaillant Hector. i7b du vaillant et excellent Scipion.

Ohne artikel nachstellung:

  e6a de Hanballe victorieulx, und bei Dieu: i6a . . . regne Dieu immortel. —

Adjectiva, welche eine rein sinnliche eigenschaft ausdrücken, folgen im neufranzösischen dem substantiv nach. Während nun Joinville bereits diesen modernen sprachgebrauch zeigt, ist derselbe bei unseren schriftstellern durchaus noch nicht befestigt. Zwar finden wir:

  d14b . . . congnoistre ung fil blanc d'un fil noir.

Daneben aber: e12a de leur blanc poil. g9a ses blons cheueux. e3a la rouge face. G. III, 1588B. ung noir Ethiopien.

So findet sich wie im neufranzösischen: G. III, 1594. l'eaue froide.
Daneben wie in früherer zeit:
> a8a en ung chault baing. h5b la durete de la froide saison.

Adjectiva, welche äussere verhältnisse und leibliche zustände ausdrücken, sind wie in der älteren sprache, ebenfalls nicht an die stellung nach dem subject gebunden, während bei Joinville auch hier der neufranzösische gebrauch herrscht.
> G. IV, 673 B. la dextre main. g9b a senestre coste. l7b filz du prince de Galles, aisne filz dudit ... a9b les naturelz seigneurs. f11a detraction du quotidien sacrifice. i10a en la tresparfonde ouuerture de terre. f6b donner sec passage. G. III, 1591 D. les continuelles batailles. a5a ce mortel corps. c7b des forains ennemis. G. III, 1599 B. en etrange contrée. G. III, 1599 C. ung lontain païs.

Aber auch nachstellung:
> a16a son bras senestre. 18a son filz aisne. 17b son filz mainsne. 15a frere germain dudit roy. d9b les enfans adoptifz. g12b vers son seigneur naturel. b1a du corps malade. b4b ung seul corps terrestre. g11b es bestes mues. i6a aux hommes mortelz.

Die von eigennamen abgeleiteten adjectiva folgen meist nach:
> g8a le roy anglois. c1a le peuple francoys. f10a l'eglise grecque. e3a des femmes sarrasines. h12b de la cheualerie rommaine.

Nur bei diesem letzten kommt auch die voranstellung vor:
> e6a la rommaine cheuallerie. i10b es rommaines escriptures.

Kurze adverbien bedingen in der regel nicht nachstellung des von ihnen verstärkten adjectivs:
> G. IV, 662 A. bien loial amour G. IV, 573 A. de tant petite institution. g9b de moult precieuses pierres. a12a de si hault duc. g7b les trop pesans feiz. g9a sa tres excellente extraction. g11a Quelles assez aspres parolles. h8b aussi grant garde. i2a ainsy grant besoing. b9b de plus courte duree.

Ganz selten wird ein adjectiv, welches sonst stets vorausgeht, eines solchen adverbs wegen nachgestellt:
> G. IV, 575... matiere trop grande de misericorde.

Bezieht sich auf das adverb ein ganzer satz, so kann auch dann noch das adjectiv mit demselben vor dem substantiv stehen:

> d14b... a si cler jour que on peust congnoistre ung fil blanc d'un fil noir.

Hat das adjectiv eine ergänzung bei sich, so steht es dem substantiv nach:

> b11a la demande pareille a la tienne. e7a en vaissel plain du sang des occis.

Das **participium** der vergangenheit, welches bei Joinville fast ausnahmslos die neufranzösische stellung einnimmt, tritt in unseren texten noch sehr häufig vor das substantiv.
D i t ohne adverb geht stets voran, auch bei Joinville:

> a14a lesdictes dames. g8b de ce dit royaulme.

Mit adverb wird **d i t** meist nachgestellt:

> f11a de la demande dessusdicte.

Doch auch: au dessus dit Edouart (bei eigennamen).
Ebenso stehen sich gegenüber:

> c11b les trois dessus escriptes fantasiez und 13b la dame dessus descripte.

Ausserdem findet sich bei Joinville nur **benoit** bei **trinite** vorangestellt; auch in unseren texten geht es meist voran:

> G. III, 1591 B. de toute la benoite Trinite. e9a le benoist lieu.

Doch finden wir auch noch viele andere attributive participia dem substantiv vorangestellt:

> b6a ouuerte guerre. c2a par dissolue compaignie. c4a les hommes d'esleue entendement. h5a la passee habondance etc.

Bei der verstärkung durch kürzere adverbien gilt dasselbe wie vom adjectiv: tres, plus, trop etc. bedingen nicht nachstellung:

> b13b ou temps de plus obseruee religion. g6a a la treshonnoree magnificence. g6b de trop oultrecuide pouoir etc.

Ist aber das particip von einem längeren adverb oder von abhängigen satzteilen begleitet, so steht es nach:

> a8a moult d'offices heureusement exerces. b6b l'omme chargie de pechie.

Ein attributives particip des präsens folgt dem subst. fast immer:

> e9a des maisons ardans. e9a les clameurs du peuple fuyant. i6b de forteresses rebellans.

Daneben auch: i6b des cuisans poinctures. —

Trennung des nachgestellten adjectivs von seinem substantiv ist selten.

Das verb tritt dazwischen:
> d6a Autre esperance y a imparfaicte.

Die trennung wird bewirkt durch ein attributives substantiv:
> 15a les trois filz de Phelippe le bel cy deuant nommez.

Von zwei zu einem substantiv gehörigen attributiven adjectiven geht gewöhnlich das eine voraus, das andere folgt:
> b8a ung vertueux roy catholique. e2b a vraie amour loialle. b11a des hastifz desirs humains. G. III, 1588 A. a la povre creature miserable. — d16a vile creature indigne de recongnoistre...

Seltener ist der fall, dass beide vorausgehen:
> a7b tant d'anciens saiges philosophes. e2b comme saincte catholique religion. i3b des jeunes nobles hommes. b15a sa desiree vaine gloire. i4a a tes grans chargans parolles.

Nachstellung zweier unverbundener adjectiva kommt nicht vor; nur participium perfecti findet sich an zweiter stelle:
> b5a sur son peuple tres crestien tant desole.

Sind zwei adjectiva durch eine conjunction verbunden, so sind ebenfalls drei fälle möglich: beide gehen voran, oder beide folgen nach, oder eines geht voran und das andere folgt. Am häufigsten ist die voranstellung beider, ein beweis, wie wenig noch der rhytmus die stellung beeinflusste.

> a6a arrogantes et rioteuses paroles. c5a les liberales et franches personnes. a6b de folles et dissolues femmes. g11a voz paresceuses et delicatiues conditions. h9b une oultrageuse et desloyalle folie. i7a d'aucuns paruers et desloyaulx hommes.

Nachstellung:
> d13a une dame noble et riche. d7a en prince soubtil et voulentif.

und besonders, wenn zu einem der adjectiva eine nähere bestimmung gehört:
> g3b chose mensonge et digne de desrision.

Nicht häufig kommt es vor, dass das eine vorangeht und das andere folgt:

> h10a leurs plus chiers aournemens et naturelz. g6a saincte vie et honneste. g5b tres bon et tres notable office et prouffitable. h9b treslouable vertu et digne de memoire perpetuelle. —

Wir haben bei der betrachtung des einzelnen gesehen, dass wir bei unseren schriftstellern eine viel freiere stellung des adjectivs haben, als sie Marx bei Joinville fand. Wenn in früherer zeit eine begünstigung der voranstellung germanischem einfluss zuzuschreiben ist (cf. Schlickum p. 40), so kann, nachdem bei Joinville bereits strengere neufranzösische regeln beobachtet waren, ein abermaliges schwanken nur auf rechnung des lateins gesetzt werden, insofern als es im allgemeinen eine freiere construction hat und diese im XV. und XVI. jahrhundert das französische sehr beeinflusste. Zu verwundern ist lateinischer einfluss in unseren texten um so weniger, als wir wissen, dass sowol Chartier als Gerson zu ihrer zeit durch ihre lateinische beredsamkeit glänzten.

VI. Stellung des Adverbs zu Adjectiv und Adverb.

Schlickum, dessen einteilung wir angenommen haben, sagt selbst (p. 42), dass streng genommen das ein adjectiv oder adverb bestimmende adverb nicht zu den attributiven bestimmungen zu rechnen ist. Aber es ist doch am zweckmässigsten, dieses kapitel hier anzuschliessen, nachdem früher die stellung des adverbs zum verbum erörtert worden ist. Bei bestimmung eines adjectivs oder adverbs durch ein adverb kommen besonders diejenigen des grades und der intensität in betracht.

Dieselben stehen, wie im neufranzösischen, meist unmittelbar vor dem worte, welches sie näher bestimmen sollen. Daneben finden wir einige dieser adverbien auch häufig vor das verb gestellt, wo sie nach unserer auffassung ein adjectiv oder adverb bestimmen. Wie Morf p. 287 behauptet, ist es unrichtig, in diesem falle von einer auseinanderrückung des adverbs und des von ihm bestimmten satzteiles zu sprechen, sondern es ist eben dann nur das verb durch das adverb bestimmt und der verbalbegriff dadurch gesteigert.

tant:
> b13a tant perilleux vicariat. Ebenso: a12b₁₉, d11b₆.
> c2a Or ont tant bien retenu ... a9a qu'elle a tant plus de droit.

Zum verbum:
> b11a Tant est longue sa sapience. e4b Et puisque tant apparurent vertueux ceulx ... — i11b qui tant aiment les aises de leurs maisons plus que l'honneur ... etc.

moult:
> a9b ... sont moult doubteux e4a ... sont moult cleres.

Zum verbum:
> h12b ... de fortune qui moult estoit fauorable au vaincqueur. Ebenso: d5b₁₀ v. u., h1a₇ v. u.

bien:
> a15a ... est bien petite. e5b bien souuent.

Zum verbum:
> g12b ... dont ceulx qui sont telz bien sont dignes ...
> G. III, 1596C. Bien sont villains et ingras plus que ...

trop:
> g7b et que nos entendemens ... sont trop foibles et trop durs. d6a crainte trop paoureuse.

Zum verbum:
> d11a Trop estoit celle multitude de gent indiscrete et deceuable. d16b ... que trop est perilleuse assemblee de grant clergie.

plus zeigt eine dreifache stellung. Es tritt:
1. unmittelbar vor das beziehungswort.
> d6b qui est chose plus feable que pecune. g12b dignes de plus grant loz.
2. hinter das beziehungswort, mit dem von ihm abhängigen satzteil zusammengerückt:
> c10a ... langue et parolles trespercans plus que glaiues agus. f4a Mais tout le temps ensemble luy est present plus que n'est a toy l'eure ...
3. zum verbum:
> b5b ... celle forme qui plus te semble doctrinable. a13b car plus seroies digne de grant paine ...

autant tritt zum verb, aussi vor adjectiv und adverb:

c9b Car autant est il plain de graces et aussi large de confort... e2a Et si respond aussi bien.

So stehen auch si und tres stets bei dem adjectiv resp. adverb, welches sie verstärken:

a6b de si long temps. b13a si hardiement. a10a en sa tres doloreuse poesie.

Andere adverbien, oder adverbiale bestimmungen treten seltener zu einem adjectiv:

h9b par qui les seigneuries sont faictes longuement durables. f2a Pour ce est il de soy veritablement et sage et bon. f9b des juifs pieça mors. — b9b Car chose de legier venue legierement deschiet.

VII. Stellung des absoluten Particips.

Die zahl der beispiele für absolutes particip ist nicht gross. In übereinstimmung mit Joinville steht in unseren texten das passive particip nach dem beziehungswort:

d2a ... les enffans d'Ysrael ... reuindrent par maintes tribulacions, lxx ans reuoluz, dedans leur pays. h5b Si aduient souuent que, pascience faillie, toute obeissance subjection et constance deffaillent. 13b Telle replicque finie, combien que chascun s'efforcast de adjouster ..., la dame dessus descripte leur commanda ...

Das active particip steht bei Chartier ebenfalls nach:

b16a et sa chair tourna en pueur et pourreture, lui viuant. d3b ... ses apostres qui perissoient, luy dorment, par tempeste de mer.

Bei Gerson finden wir beide stellungen:

G. IV, 658. Exemple de David, qui fit regner, soi vivant, son fils Salomon. — G. IV, 575 A. Ce meffait a esté fait tant en appert que plus ne peut, de plain jour et veant tout le monde. G. IV, 576 A. ... de cler jour, veans tous.

Inhaltsverzeichniss.

Einleitung . . . . Seite 1
Erster Teil: Stellung der satzglieder zum verbum.
   I Subject . . . . . „ 3
   II Object „ 17
   III Prädicativ „ 23
   IV Adverbiale . . . . „ 32
Zweiter Teil: Stellung der von einem infinitiv abhängigen satzglieder zu verbum finitum und infinitiv.
   I Object . „ 41
   II Prädicativ . „ 46
   III Adverbiale . . . . „ 47
Dritter Teil: Stellung des attributs zu seinem bestimmungswort.
   I Artikel „ 50
   II Pronomen „ 51
   III Zahlwort . „ 54
   IV Substantiv „ 55
   V Adjectiv „ 58
   VI Adverb . . „ 64
   VII Absolutes Particip „ 66